人生のマイルストーン

Milestones in Life

NAKAJIMA TERUO
中嶋照夫
写真・高林 順

幻冬舎MC

人生のマイルストーン

まえがき

私（筆者・中嶋）は、2020年3月末をもって現役をリタイヤし、悠々自適の生活に入ることとなった。この時点で68歳の現役人生のゴールである。とはいうものの、人生の終焉までにはまだかなりの時日を残していることを承知している。そこで、時計の針の進行にわずかながら抵抗しようと考えたのが、終活大冒険行の企画実行だ。これにはモデルがあり、我が医療分野の大先輩が70歳でリタイヤして故郷へ帰る際、ご自分のヨットで北海道の母港から日本海に出て、九州を回り、瀬戸内海を経由し、紀伊半島をかわして遠州灘を東進して、ついに沼津港まで廻航《かいこう》するという文字通りの終活大航海を数ヶ月がかりで、安全かつ壮烈にやり遂げられた。これに刺激を受けた筆者は、我が終活大冒険行は何かと考えをめぐらしたところ、ふとこれまでにも幾度か経験のあるアメリカでキャンピングカーをレンタルして、大陸の横断と縦断を併せてやってみることの壮大さに思い至り、早速、準備を開始した。

先ず手始めに、メンバー公募のためのキャッチコピーの案出だ。これは案外簡単にひねり出せた。「気力・体力・知力を使い果たす前に、人生の終活大冒険行をしよう」というものだ。次にこのフレーズを使ってメンバーを新聞で公募した。結果、10名余のメンバーを得ることができた。そこでメンバーとともに、月に1回の割で集まりワイワイやりながら、米国のいろんなことを学習して、コースも選定した。しかし問題はキャンピングカーの定員が1台当たり7名ということである。そこで、実施のためにはメンバーの選択が必然となる。しかし、1年が経過する頃には、メンバーも固定化して、人間関係も安定してきたこと

から、この中から実施メンバーを選ぶのは、薄情すぎてとてもできないことだと思い悩んだ。なぜなら、皆これまで我がこととしてミーティングに熱意をもって参加して、自分の問題として渡米することを真剣に想定した活動に励んでくれたからである。そこで、唯一の解決策は、キャンピングカー2台を連ねて、メンバー全員でキャラバンを組むべきであると思い至り、即決心した。

こうしてこのアドベンチャーツアーの実施計画はでき上がったのである。それに加えてコスパを上げるために、再度のメンバー公募を行った。目標の12名には至らなかったが、ともあれ、幾多の紆余曲折を経て、最終メンバー9名が決まった。女性5名、男性4名、出発時の平均年齢は68.7歳であり、ジジババの奮闘と呼ぶにふさわしい陣容となった。

本誌では、このアドベンチャーツアーの模様を縦軸に、これまでの筆者自身の人生折々のトピックを横軸にして、文字通り『人生のマイルストーン』として紀行文とエッセイを織り交ぜて、我々のツアーの成果物としてまとめたい。

なお、このアドベンチャーツアーに参加した、「民藝を愛するドキュメントカメラマン」を自称するジュンちゃんの写真を網羅して、いわば紀行プラス写真エッセイを念頭に構成するつもりである。彼の写真はかなりハイレベルだと密かに評価している。

さらに、この本をメンバー全員の成果物とするために、メンバー一人一人にも、旅にまつわるすてきなエッセイを投稿していただいた。まさに、全員でつくる『人生のマイルストーン』になったと称えあえる内容になったことを報告したい。

2022年9月23日　記述開始　今日は、奇しくも彼岸の中日である

・エッセイ集 第20話完了日　11月27日

・企画書に合わせるべく、再編集着手　2022年12月24日

・本文編集完了　2023年1月25日

・資料編編集完了　2023年1月28日

MILESTONE

目次

Energetic Japanese Seniors　Adventure Tour across the American Continent May to June

『気力、体力、知力を使い果たす前に、生涯の大旅行をしよう』

Start ▶ 2022年5月5日　》　Goal ▶ 2022年6月13日

テリー（中嶋照夫）
70歳　浜松市在住
- 2020年3月現役引退
- 終活大冒険行を発案　以後GMを名乗る
- 米国にてＲＶ経験豊富なドライバー
- 2022年9月23日　記述開始
- 2023年1月28日　編集完了

サッちゃん（飯塚祥子）
69歳　焼津市在住
- 熱血女性ドライバー

はっちゃん（中嶋初子）
67歳　浜松市在住
- 我らのおっかさん
- 司厨長

信ちゃん（橋本信吾）
70歳　浜松市在住
- 1号車班長／健康チェック係

ユキちゃん（橋本ゆき江）
65歳　浜松市在住
- ヤンゲスト会計係

ジュンちゃん（高林　順）
71歳　浜松市在住
- 2号車班長
- 民藝を愛するドキュメントカメラマン

まっさん（市川政敏）
70歳　浜松市在住
- ドライバー／写真家

ちーちゃん（中尾ちゑ）
71歳　浜松市在住
- ベテラン美容師
- 手練れの料理長

ケイコちゃん（大津恵子）
65歳　袋井市在住
- ヤンゲスト会計係 ＆ 買出し主任

後方支援チーム

いちべー（青島一郎）
70歳　磐田市

きよべー（青島清江）
不詳　〃

マッチ～（鈴木真智子）
68歳　浜松市

リーさん（森永厚陽）
62歳　〃

Cookさん
72歳　浜松市在住

サポートチーム

山ちゃん
70歳　川崎市在住（当時）
ニューヨークからシカゴまで同行諸事指導

Akiraさん（小笠原 聡）
ロス在住
米国内トラブル解決サポート

※年齢は出発時点の満年齢を示します。

1号車の住人

テリー……ツアーの言い出しっぺ。自らをGMと称す。RVの運転経験豊富なドライバー。

サッちゃん……不本意ながら熱血女性ドライバーに抜擢され、戸惑いながらも見事無事故で完走を果たす。

はっちゃん……我らのおっかさん。司厨長の役目を十二分に果たす。

信ちゃん……1号車の班長。毎朝、皆の健康チェックを担当。

ユキちゃん……ヤンゲストにして会計担当。

2号車の住人

ジュンちゃん……2号車の班長。ポルシェ風ドライバー、「民藝を愛するドキュメントカメラマン」を自称する。

まっさん……ドライバーであり、写真家であり、そして女性には心優しい気遣いができる人。

ちーちゃん……ベテランの美容師であり、なおかつ手際よい料理長として活躍。皆の精神的支柱でもあった。

ケイコちゃん……買い出し主任と会計を兼務する。何よりも、強力な接着剤としてメンバーの心をつなぐ。

後方支援チーム

いちべー……呑兵衛。夜中に解読不能なLINE をよく投稿。

きよべー……シャベリスト

マッチ～……カンゲキスト

リーさん……中華家庭料理シェフ

サポートチーム

山ちゃん……ニューヨークからシカゴまでルートガイドとドライバー教育を担当。シカゴで連れていってくれたシカゴピザとシカゴブルースのライブハウスが秀逸だった。

Akiraさん……米国内での困りごと一切を解決に導いてくれた。出発前にメキシカン料理でもてなしてくれ、完走後に大きなデコレーション・ケーキで祝ってくれた。

人生のマイルストーン

第1章

ツアー計画

MILESTONE 01 2020年6月6日キックオフ

筆者が、当時の勤務先である東京・新宿の病院を退職し帰郷したのは、2020年3月14日だった。結構強い雨が降り、気温も低く寒い日だった。引っ越しのためにレンタルしたワンボックスカーを一人で運転してきたが、御殿場あたりでは雪交じりの風雨にたたられた。5年間単身で過ごした東京を去り現役を退く、我が仕事人生の総決算との悲壮感も少しはあったが、むしろ以後の自由人としての生き様を夢想しながら案外気楽で楽しい道中になった。

しかし、眼前の氷雨と年度末のせわしさゆえか、東名高速道は東京から浜松までかなり混雑しており、6時間もかかってしまった。若い頃の元気走行の倍もかかってしまった計算だ。しかし、浜松に着く頃にはようやく天気が回復し、東京の生活で使っていた荷物を降ろす頃には、雨はすっかり上がった。荷物なぞと大げさなことを言っても、単身ゆえに、一番かさばったのは布団一式だった。そして、レンタカーを返却する頃には太陽が顔を出してきた。これからの生活が文字通り「雨降って地固まる」という目出度い図式になるかもと、幾ばくかの希望が湧いてきた。このとき筆者は、後述の通りリタイヤしてすべての時間が自分のために自由に使えるようになることから、大きな企てを心中に秘めての帰郷だった。

浜松に落ち着き、生活のリズムも整い始めた頃、知人の新聞記者に我が計画を伝え、記事にしてもらえぬかを相談した。第1回目のメンバー公募だ。そう、東京での生活の最後の頃にようやく心中の企てがおぼろげにも形を成し、何をしたいかが明確になりつつあった。キャッ

チコピーは、**「気力、体力、知力を使い果たす前に、生涯の大旅行をしよう」**であり、生涯の大旅行とは、「大型キャンピングカーで北米大陸横断冒険行」という大法螺《おおぼら》だった。そして決行する時期は、2年後だということも明確にしておいた。記者からは、一応聞き取りはしておくが記事としていつ新聞に載せられるかは、約束できないと釘を刺されていた。

しかし、その機会は意外に早く到来し、4月26日、日曜日の朝刊に掲載された。驚いたことに最初の電話は、午前8時になるかならない頃にかかってきた。筆者自身は、この日に掲載されたことは知らされておらず、電話の内容にいささか驚くとともに、賛同者がいたことに大いに勇気づけられた。いきなり2名ゲットである。新聞には、募集時の条件として、

❶ 協調性があること
❷ ペアで参加できること
❸ 好奇心旺盛であること

の3点だけを特記した。言外にはもう一点「酒が飲めること」も付け加えたかった。そして募集人員は最大7名という点も明記しておいた。

マスメディアの影響力の大きさには全く舌を巻く思いだが、この日を境に1週間ほどで、おおむね20名ほどの方々から参加の申し出があった。実際、このような事態は想定していなかったが、どうせ2年後の決行時点までには幾多の事情で行けなくなる人がそれなりに出る、と安易に値踏みしていた。それでも、この時すでに80歳を超えている人や、健康上の懸念のある方々には、申し訳なくもお断りを申し上げた。一

方、ペアではなく単独参加でもよいかや、酒が飲めないが、という人もおられたことから、これらの方々には大らかな返事をお返しした。

さて、これからの2年間という限られた期間ですべて形を成してゆかなくてはならない。一番重い課題は、仲間意識の醸成である。大型キャンピングカーといえども、たかだか大型バス程度の有限な空間しかなく、しかもその中で何十日間もの日数を寄り添って生活しなくてはならない。果たしてうまくゆくものか。

集まったメンバーは、似たような年恰好であり、むしろジジババといったほうが相応しい。年齢的には「老成」が期待されるものの、現実にはこれだけの齢を重ねた方々は自分を含めて一般的には頑固で、わがままな自我がむき出しになりそうな厄介な人たちだと想像される。

日数をかけて、融和を図らねばならない。ウーム。

とにもかくにもメンバーが集まったことから、先ずは顔合わせから開始だ。参加メンバーから申し込み時に、氏名、年齢、生年月日、住所、携帯電話番号、LINEのID、さらにPCのメールアドレスを伺った。通常の連絡は携帯電話のLINEに通知し、容量が多い情報を伝達するときにはPCメールに送信したうえで、LINEにPCメールを見るよう促す方式とした。この方式は目論見通りうまくいった。ただし、参加予定者でもPCを持っていない人が若干おり、この対応は少し厄介ではあったが、LINEで送れない情報は印刷して手渡さざるを得なかった。

次に、会場探しである。十数名が参集できるような会場が必要である。貸し会議室を探したところ、市の施設で30〜40名が収容可能な貸し会議室が結構沢山あることを知り、しかも使用料は安価だった。そこで、浜松市内居住者が大半ではあるが、県内でも少し遠くからの来場者もいたことから、中心部で、かつ誰でも理解しやすい場所を選ん

だ。また、これらの会場では、プロジェクター、スクリーンやホワイトボードなどもレンタルしてくれることから、今後の利便性を考えて一つの会場を選択した。そのうえでいよいよミーティングの日程調整である。

第1回目は、LINEを駆使して皆が参集可能な日時を設定することができた。細かい話だが、ミーティング時にはペットボトルのお茶と何かちょっとつまむものが必要かと気を利かせ、小さなプリンを用意した。しかし、意外にもプリンは持ち帰る人が大多数だったので、2回目以降にはペットボトルのお茶のみとした。また、会場費を含めミーティング参加費はワンコイン（500円）として、必要な経費支払い後の余剰金は、今後に予定される食事会用にプールすることにした。

MEETING 第１回2020年6月6日

第1回のミーティングは、午後1時から2時間程度の予定で開催の運びとなった。参加者は12名で、欠席者は1名だった。ここでは、筆者が司会をして、今後に向けて顔の見える関係を築くため、先ずはメンバー全員で自己紹介と、海外旅行の経験談、そしてこのツアーに期待することなどを語りあった。その後、筆者から、

❶ このツアーを思い立った理由
❷ キャンピングカーの旅ということから、協調性こそが重要だという話
❸ 基本的には自己責任による自己完結型のツアーであることを第一にご承知いただきたいこと
❹ 米国のキャンピングカーの解説等々をお伝えして、参考に2017年にキャンピングカーで行った「ヨセミテ国立公園周遊ツアー」のビデオ

ムービーをプロジェクターに投影して観てもらった。なお、この会の原則的な運営方針についても、筆者からお伝えし、理解を求めた。

それは、定員7人のキャンピングカーを1台レンタルすることを原則とすること、基本的にはすべての問題は話し合いで決めるが、意見が収斂《しゅうれん》しない場合、或いは即断が必要な事態には筆者が決定することを理解してほしいこと、など。また、今後の参集日程については、月末の日曜日・午後との意見が多く出され、集約されたことで、第1回目を終了した。以後、月1回の割で参集して、ツアーの全容を話し合い、決定していった。第22回目が最後のミーティングとなり、あとは出発を残すだけになった。

参考として、2回目以降のミーティングの主要テーマと決定事項等を列挙しておこう。

MEETING 第2回2020年7月19日

＊希望訪問地検討グループワークとその発表　A班30州50ヶ所、B班12州18ヶ所　＊リーダー案の提示　①縦断ルート7,859㎞、②横断ルート9,313㎞　＊次回には、リーダー案に各班の希望地を組み合わせた案の提示を予定　＊現地の気候に合わすべく衣類を準備「寒ければ着、暑ければ脱ぐ」生活パターンを想定しよう

MEETING 第3回2020年8月30日

＊情報提供・カリフォルニア森林火災状況、＊コース選択を含め現地情報を各自収集する　＊エアチケット等は自主手配を試みよう　＊広いアメリカ、健脚になるよう鍛えましょう

MEETING 第4回2020年9月27日

＊キープ・ライトの国の交通法規　＊コース希望挙手
横断コース2名、縦断コース8名　＊参考文献に記録されていた問題点の解説　＊参考書籍の紹介

MEETING 第5回2020年10月18日

＊米国の交通ルールの特徴的な問題の解説　＊参考文献『アラフォー女の一人旅　アメリカ48州を車で回ってみた』（アベマリコ著、幻冬舎ルネッサンス）から、日々の走行距離の解説　この距離なら我々でも走れそう
＊もう一つの理念「理想の旅は自分でつくる」の確認

MEETING 第6回2020年11月22日

＊初会合　メンバー固めの初食事会　中華料理（コロナ禍でようやく食事会ができた）＊コロナ緊急事態ということから、全員がフェイスシールドをつけて食事を堪能　結果、感染の難を逃れた

MEETING 第7回2020年12月20日

＊今回から持ち回り座長；初回　ジュンちゃん
＊自己紹介から一歩踏み込んだ自己アピール　＊ワンポイントレッスン・第3編　＊コース選択　縦断コースに決定　＊【宿題】訪問都市の詳細検討　各人に割り振り

MEETING 第8回2021年2月28日

＊座長：信ちゃん　＊各自に振り分けた訪問都市の検討内容発表

MEETING 第9回　2021年3月28日

＊座長:リーさん　＊レンタルRV車種決定　＊乗り捨てプログラムの制約から日程決定　5月4日・ニューヨークレンタル開始・6月8日返却35泊36日の日程決定　＊RV予約時のデポジット支払いのため一人あたり2万円を初めて徴収することになった

MEETING 第10回2021年4月25日

＊座長：ジュンちゃん　＊2台での催行のためメンバー2次募集　新聞取材あり　＊（フロリダ）マイアミ・キーウェスト訪問コースを追加設定　＊マイアミ～ニューヨーク間の移動は個室寝台車の手配を検討（女性陣の「人生最後の大旅行に際して、近くまで行っているのに行かなかったと、後で後悔したくない」の声で決定）　＊新聞公募2021.5.11付　中日新聞朝刊に掲載

MEETING 第11回2021年5月30日

＊座長：信ちゃん　＊2次募集にて新メンバー2名加入

＊新メンバーに会の理念説明　「自己責任」「あなた任せの旅に非ず」「理想の旅は自分でつくる」の原則を説明しご理解を願った

＊持物講座；常用する薬は必ず日数分持参すること

⇒❶医療機関で処方依頼が困らないように、❷90日処方を確実にしてもらえるように医療関連の法律や制度等を解説した（我が専門分野）

MEETING 第12回2021年7月25日

＊座長:マッチ～（新加入）　＊オリエンテーション　この会で重要なこと「協調性・好奇心・理想の旅は自分でつくる」の心意気であるこ

とを解説　＊コロナワクチン接種状況の確認　＊キーウェスト・エクスカーションは日帰りとすることに決定
＊訪問地　ケンタッキー・バーボン・トレイルは竜巻の季節　危険回避のため訪問地除外　＊ペピンとラスベガスは賛成者多く訪問地に採用

MEETING 第13回2021年9月26日

＊座長：いちべー　＊5月4日・日本出発　5月10日・RV冒険行開始
ニューヨークの日本食スーパーでの食糧調達決定
＊エアチケットの検討始まる　＊バナーデザイン状況の報告

MEETING 第14回2021年10月17日

＊メンバー変動 ⇒ ドライバ―を緊急的に探す必要あり　＊1号車・2号車　配車メンバーと班長決定　＊体調管理・健康管理の徹底について　＊エアチケット・ホテルの手配状況の報告　＊バナー・最終案提示・意見聴取
番外編として第14回ミーティング終了後、2回目の食事会　中区のイタ飯屋さん貸切で実施

MEETING 第15回2021年11月28日

＊杉田さんの長期旅行体験；健康管理の必要性とその準備の観点から講演　＊現地でのキャッシュの入手方法；各人で研究のこと　＊旅行傷害保険への加入の検討　＊健康管理；ラジオ体操くらいは毎日やっといてください！　＊モーターホーム（RV）運転要領・DVD参照　＊バナー完成・お披露目

MEETING 第16回　2021年12月26日

＊座長：まっさん欠席のためテリーが代理をした　＊ドライバー募集状況報告　＊RVのエージェントにもしもの場合には途中まで渡米サポートをお願いする案も提示　＊メンバー募集記事を専門誌『Auto Camper』に掲載してもらうことを報告　＊ワシントンD.C.での散策のため予備日を1日投入することを報告　＊ラスベガスからヨセミテへの通過ルート；デスバレー経由とすることを提案・決定
＊最終目的地の変更；折角の機会なのでロスまで足を延ばし、大谷翔平選手を応援することにしたい旨を提案・即決定

MEETING 第17回　2022年1月30日

＊座長：まっさん　＊東京海上日動の代理店に旅行傷害保険の解説を依頼　＊同意書の提示⇒「北米大陸横・縦断行参加同意書」を配布し、参加者の自己責任であることの責任関係の明確化と署名・捺印を求めた　＊旅行費用の精算と解説　＊旅行ルートの最終版の解説・メリハリバージョンで訪問地での散策時間を確保　＊映画で識《し》るアメリカの名所旧跡（映画を見て訪問地を知ろう）
＊国の新型コロナウイルス感染症に関する水際対策の動向　＊エアチケットの選択状況　＊次回催行可否決定

MEETING 第18回　2022年2月27日

＊日米の水際対策の劇的緩和・いずれの国も待機期間撤廃になる
＊上記を基に実施の方向で協議がまとまる　＊正式決定は次回　＊米国入国時必要書類の準備（COVID-19）「宣誓書」の解説　＊コロナ陰

性証明書（出国時）の確保のため検査所を選択　＊次回・道中安全祈願に行こう
＊次回は安全祈願後に団結式開催を予定　＊旅行費用の振り込み準備（資金繰り）を依頼

MEETING 第19回　2022年3月20日

＊催行・正式決定　＊旅行費用の詳細解説；振込要請　＊緊急対応体制の確立・救援者準備　＊携帯電話のデータローミング・OFFの必要性を解説
＊5/4出発時の電車時刻等調整　＊旅行中の役割分担の徹底
番外編　第19回終了後、五社神社にて道中の安全祈願、その後、団結式を交えて3回目の食事会を実施

MEETING 第20回　2022年4月3日

＊保険会社代理店さんに来場願い、海外旅行保険への加入手続きを実施　＊持物講座・再徹底　＊宅配便でのトランク等荷物送り出し要領について
＊その他

MEETING 第21回2022年　4月17日

＊米国ESTAの申請要領の解説（PCで実際にやってみよう）　＊米国旅行代理店の請求内容及び共有雑費について説明　＊出入国時の必要書類等の再確認　＊体調管理のためにやっていただくこと　＊ワクチン接種証明書の事前入手の方法　＊海外旅行傷害保険の交付

MEETING 第22回2022年5月1日

ミーティング最終回　＊DLTの配布　＊ツアー中の1日の行動予定（標準行動）　＊現地通貨の調達要領の再確認　＊チェックリストの実行（忘れ物防止）　＊最終確認いろいろ　2年を経てメンバー相互の仲間意識は十分に醸成され、今では本当の氏名よりも通称、つまりお互いをニックネームで呼ぶことのほうが板についてきた。旅の設計図はついに完璧に完成した。

MILESTONE 02 冒険を思い立ったきっかけ

筆者は前述の通り、メンバーとして参集した方々に第1回目のミーティング時に次のような経緯を説明した。

「一昨年（2018年）の春、私の医療分野の大先輩で北海道の病院の経営管理者を長く務められた方が、70歳を過ぎてリタイヤをされました。その際、彼の住まい（静岡県三島市）への帰り方が、私の人生終活イベントの計画立案にヒントを与えてくれ、大きな道筋を示してくれました。彼は、ご自身の所有するヨットで、北海道のホームポートを出港後、日本海へ針路をとり、本州の背部を舐めるように南下して、そして九州を回り瀬戸内海を通って沼津港まで廻航するという、まさに人生の終活大航海を数ヶ月間かけて安全かつ壮烈にやり遂げられました。この快挙に感動した私は、我が人生にもマイルストーンとして生きた証しを印すべきだと考え、**『気力、体力、知力を使い果たす前に壮大な終活イベント』**を実行したいと思い立ち、そして決心に至りました。何をもって終活イベントとするかを種々考えた結果、モーターホームによる北米大陸冒険行に帰結したというわけです。

しかし、計画の実行には、多くの賛同者を必要とすることから、知人の新聞記者にお願いをして決意を記事にしてもらった、という次第です」

というようなわけで、当初は壮大な大法螺を噴き上げた感じだった。しかし新聞を読んで集まってくれた人たちと2年間という時間をかけて紡ぎだした計画によって、人生最後の大法螺が綿密な旅行計画に仕上がっていった。

MILESTONE 03 北米大陸コース設定（東〜西）

筆者の承知している多くの旅行者（日本から行くモーターホームの利用者を筆頭として）は、ロス（ロサンジェルス）発・ニューヨーク着のコース取りをされる方がほとんどで、逆の東から西へのコース取りをされる人は案外少ない。これは、大きな括《くく》りで米国ツアーを検討する際に、そのゲートシティーとして先ず念頭に浮かぶのがロスなんだろうなと、推測する。また、空路所要時間もロスに降りるほうが数時間短く、手っ取り早いんだろうと想像する。日本人旅行者にとってアメリカへの入り口はロスということになるんだろうな。勿論、筆者自身もロス発を先ず頭に浮かべた。しかし、以下に記述したメリットは計画の始めから確信していたのではなく、なんとアメリカを実際に走ってみた経験によって初めて理解することができた、いわば身に染みた感想である。そのメリットは……、

❶ 東から西へのコースの場合、時差を得しながら解消できる

ロスとニューヨーク間では3時間の時差があり（我々の旅行時には、ロスもニューヨークもサマータイムだったので相対的に時差は3時間

のままだった)、これを各時間区分の州境において1時間ずつ1日が長くなる方向で活用できた。つまり、移動時間を8時間として、朝8時に出発すると、到着は16時のはずだが、到着地の時間は15時であり、1時間余裕が持てる。言うなれば、時差によって1日が25時間になる勘定だ。逆コースでは、1日が23時間になるので、行程が若干苦しくなる。この1時間は非常に儲けもので、観光に使うこともできるし、明日のルート検討にも使えるし、たまった洗濯もできる等々、何にでも使える得した1時間である。なお、時差は州境で調整されるのが普通だが、サウスダコタ州を通過の際には、ミュードという町で時差の調整がされていた。同一州内でも時間区分が異なるという不思議な現実に遭遇した。

❷ 東から西に行くほうが、モーターホームのレンタル料金が安価

10％程度安価になったので、実際儲けものだった。言うなれば、米国自体のレンタルニーズも西から東へのコース取りが普通なのかもしれない。ビジネスの王道として、ニーズが多ければ値段が高くなり、少なければ安価となる。世の必然だ。この2つがメリットだった。

MILESTONE 04 NY発→ロス着にコース変更

計画初期のコース設定は、ロス発·ニューヨーク着（以下、横断行·東行という）の設定であった。このコースでは、フロリダもコースに入っていた。しかし、「西行」のコース設定では、フロリダは、コースから大きく外れるので、一時フロリダ訪問は消去の対象だった。

しかし、メンバーがカナダで経験した列車（寝台車）の旅がそれなりによかったとの意見があり、ならばフロリダ・キーウェストの旅を

復活しようと決定した。これには、メンバーの中にヘミングウェイの心酔者がいたことが大きく関与している。ロス ⇒ 空路 ⇒ フロリダ ⇒ キーウェスト ⇒ アムトラックの個室寝台車による移動 ⇒ ニューヨーク着という旅の初期の骨格が固まった。

※これらの事項は、第9回のミーティングで協議し、合意された。

さらに、もともとの計画では、最終地はヨセミテ国立公園を経て、サンフランシスコでモーターホームを返却して、終了するという予定であった。しかし、大リーグにて大谷翔平選手がMVPを獲得するという快挙の報に接した結果、メンバー一同大賛成で、アナハイムのエンジェルス・スタジアムで大谷選手を応援しようということになった。そこで、大リーグのホームページで来季の試合日程を調べた結果、アナハイムにて6月11日から対ニューヨークメッツ3連戦が予定されていることから、デーゲームの6月12日（日）に観戦することを選択した。

※野球観戦は、第16回のミーティングにて決定されたものであり、チケットは米国の旅行会社（Amnet New York 社）に依頼して、急遽確保をお願いした。結果、エンジェルスのダッグアウト後方12列目くらいの、非常に良い席が確保できた。ただし、チケットの購入条件はキャンセル不可というものであった。

【後日譚】　6月11日に大谷選手は打撃が爆発して、5打数3安打12号ホームランまで出るという大活躍だったので、アナハイム球場では夜遅くまで花火の大饗宴だった。球場まで歩いて15分のRVパークに陣取る我々には、その模様が耳に炸裂し、明日こそはと彼の大活躍が目に浮かぶようで、期待が大きく膨らんでいた。しかし極めて残念なことに、観戦当日（6月12日）に彼はめったにないはずの休養日を取ったことから、姿を全く見ることができなかった。監督代行曰く「スーパーマン

ロス・アナハイムにあるエンジェルス・スタジアム
我々を大谷選手の大きな写真が出迎えてくれた

にも休日は必要だよ」とのこと。ただし、9回2死後の代打で次打者ボックスに出てきた大谷選手を見ることはできたが、打者が3振になったためゲームセットで願いはかなわず。

実は球場内には、エンジェルス17番の彼のユニフォームやTシャツを着こんだ現地ファンが物凄く多く、如何な休養日と言えども彼の姿をフィールドに出さないわけにはいかなかったのだろうと想像する。

MILESTONE 05 旅を象徴するバナーの制作

ツアーの計画が形を成してくるにつれ、我々の旅を象徴するバナー（のぼり旗）を作るべきだと思うようになってきた。実は、これまでの渡米旅行の際に、ハイウェイを走行中に反対車線をのっそりと走行している何人かの日本人旅行者を見かけたことがある。その連中がおしなべて掲げているのは、日本人旅行者であること、貧乏旅行であること、またその到達目的地などを派手やかに表現していたことなどが思

い出される。ある人は自転車の横に、またある人はリヤカーや人力車の後ろに、多くは現地で調達したありあわせの段ボール箱に油性ペンでさらっと書いたような代物だった。時には、きちんと印刷したのぼり旗を掲げている人も見受けた。それらの記憶から、我々の旅行こそは生涯の大旅行であるからこそのぼり旗を掲示してアピールしながら走行すれば、さぞかし痛快だろうと少し不純な動機ながらバナー作るべしと思い定めた。

先ず最初に、簡単なアイデア図をワードで作ってみた。絵を描いたり、図案を作ることにかけては小学生程度の知恵とテクニックしかない筆者ではあったが、米国でアピールするという大欲があったため、何とか人さまにお見せできる程度のものはできた。次にバナーの制作業者を探さなくてはならない。デザイン、印刷そして縫製までを手掛けてくれる業者が、地元浜松で簡単に見つかるものであろうか？　この分野の事業者の情報は全く門外漢だったので知るすべもなかったことから、安易に肉親を頼ってみた。実は、甥が東京で隆《りゅう》としたデザイン会社をやっているので、その筋から安価に対応してくれる業者に迫ろうと最短距離を狙ったものの、そうは問屋が卸さなかった。彼からは、地元の業者の探し方・選び方のコツを丁寧に諭す内容の返事を受け取った。それに従って、WEB検索をかけたところ、何とか3社程度を絞り込むことができた。なるほど、蛇《じゃ》の道は蛇《へび》である。しかし、こんな面白半分、遊び半分のようなのぼり旗の制作を真剣に取り組むと言ってくれたのは、そのうちの1社だけであった。その日のうちに社長さんが我が家まで飛んでこられ、制作目的を説明して、デザイン、生地の選択、縫製の要点に至るまで、細かに詰めることができた。社長さんからは2点、筆者の知らざる問題についてご注意をいただいた。そ

の1つは、WEBから引用したイラストの著作権の問題と、2つ目は、原案はA4サイズで検討していたが、実物はA0《ゼロ》サイズに拡大しなくてはならず、拡大印刷に耐えるデザインとしなくてはならないことだった。これらの課題も社長さんの尽力で、デザイナーさんと協議してもらい、クリアすることができた。これまでに述べたことをまとめると、バナー制作に関する留意点は次の通りである。

❶ 一目で我々のツアー概要が把握されるような標語とデザインとする。標語にはアメリカの大地を探索することに対し感謝の気持ちも表すこと。
❷ RVのボディに貼付・もしくは縛り付けて、時速100㎞での移動に耐える強度を持つこと。同様に雨等にも耐える耐候性を備えること。
❸ 目的に合わせてサイズは、A0程度とする（印刷可能）。RVの外面に貼付して文字等が通行者からはっきりと読み取れる大きさであること。
❹ 以上の仕様で、中嶋がデザインし、浜松の看板製作会社に制作を発注する。
❺ デザイナーの関与により、拡大印刷可となり、著作権の制約をもクリアできた。
❻ 2台分の製作費；合計60,000円（税別）

さて、その効果は？　ツアー中の現地の人々の反応が気になるところだ。果たして目論見通り、それは非常に好ましいものだった。ツアー開始直後から最後までの情景であったが、ハイウェイ上で窓を開けて何やら叫び、そして手を振って追い越していく車に何台も遭遇した。多

分「頑張れよ」というような言葉を投げてくれたんだろうと想像する。RVパークに到着して、バナーを見て寄ってくる人、そしてメンバーの説明に興味を示してサインをしに立ち寄ってくれる人。我々が説明する拙《つたな》い言葉よりも、一目でツアーの目的や、訪問地が理解できることで大いに評価を受けた。また、トータル7,000マイル余の行程だとの話には、皆目を丸くして「グレート！」と声を上げて、賛意を返してくれた。

さらに、三沢基地に駐留経験のある母子の訪問を受けた。このファミリーは、男の子が小さな頃（現地での訪問時には高校生くらい）に三沢に駐留をして、非常に歓待されたとのこと。「旧恩に感謝する」とのことで、高級なバーボンウィスキー1本を差し入れてくれた。このほか多くの基地駐留経験者の訪問を受けた。これらは、バナーあればこその、現地の人たちとの温かい交流だった。

左・1号車、右・2号車
RVの後壁に貼付したバナー
当初の目的を100％果たしてくれた

筆者の知恵の結晶
渾身のバナー渡航前のデザイン画

多くの現地来訪者に賞賛のサインをもらったバナー
完走後の姿（現在は額装して筆者の家の玄関を飾る）

MILESTONE 06 三重苦・四重苦の悩みと解放

シェークスピア作の有名な古典悲劇に『ハムレット』なる話がある。劇中でハムレットが語るセリフに極めて有名な“To be or not to be, that is the question”というフレーズがある。苦難の人生の中で悩み苦しみ、生と死のはざまを生きるハムレットの苦悩を上記の言葉で表現したものだと聞く。一方、ツアーの出発予定日が近づき催行を決意しなくてはならない筆者自身の胸中には、ハムレットに勝るとも劣らないほどの葛藤が沸き立っていた。「行くべきか、行かざるべきか、それが問題だ!!」。この時点での決断に向けた苦しみと孤独はメンバーと共有するものではなく、一《いつ》にリーダーの責として負うべき責苦そのもの

だった。

しかし、現下の状況は、まさに三重苦·四重苦の状況が出現している。

【三重苦・四重苦その1】

COVID-19・コロナ禍は日本のみならず地球上のすべての国で現在も終息しきれていない。この時期に蔓延しているのは変異種オミクロン株であり、軽症傾向と言えどもむしろ急拡大している惨状を呈している。この状況は、日本も米国も同様だ。はてさてどうしたものか。むしろ米国では、フロリダ州の裁判所がマスクフリーの判決を出したことから、全米で急速に外出時のマスクをしなくなっているそうだ。また、何故アジア人が狙い撃ちされるのかわからないが、アジア人に対するヘイトが度を越して荒れてきたとの報道がなされ、連日のテレビニュースでは暴行の模様が映像により伝えられている。こんなときに火中の栗を拾いに行くべきか？

【三重苦・四重苦その2】

円安が急激に進行し悪化してきており、我々が計画を始めた2年前には、1ドル105〜108円で安定的に推移していた為替レートが、このところ急激な勢いで円安が進行してきている。予算を立てた当時は1ドル108円で全体の銭勘定をしていた。しかし、催行を決定する今になって130円を超える勢いになっており、この先どこまで円は下落を続けるのか？　困った。

そしてまた、ここにきて米国では、ガソリン価格が急騰してきたそうだ。米国で販売されるガソリンの給油単位はガロンであり、日本のおよそ3.78倍にあたる。もともと、アメ車は安いガソリンをガバガバ

と消費して、高い出力を誇り、燃費の悪いことで有名だった。我々がレンタルするRV車は、フォードのエンジンを載せて重い車体を動かしており、過去の実績ではわずかにリッター4㎞ほどしか走らない。しかも、2台をレンタルして1万㎞余を走破しなくてはならない。まさに、タイヤの轍《わだち》に金をばらまきながら走るという図式だ。ロス在住の友人からの情報によれば、ロス市内ではガロン単価4.5～5ドルくらいで推移している由。為替レートを1ドル118円で換算してもリッター単価はなんと140円に上る。当初見込みでは、リッター単価は100円程度と想定していたので、ガソリン価格は1.5倍にも跳ね上がってしまった。

【三重苦・四重苦その3】

さらに付言すれば、ウクライナ情勢の問題が挙げられる。2月以降、無謀にもプーチン・ロシアは、ウクライナに邪悪な侵攻を始めており、さらに、西側へのけん制として、あろうことか核の使用を示唆するという卑劣さである。万・万一にも、アメリカに撃ち込まれる可能性が全くのゼロとは言えない状況に危惧が募る。以上のような、非常に重苦しく、しかも自らの力ではどうにも解決することのできない事象が三重にも四重にも重なって眼前に展開されているが、テリー・ハムレットは待ったなしの時間に押され、実施することを決断した。

【三重苦・四重苦の結論】

3月1日以降、日米両政府は新型コロナ感染症に伴う水際措置及び検疫対策を緩和することを決定した。両政府ともに、入国・帰国の際に求めていた隔離期間を撤廃することになり、最大の障害が除かれた。

加えて、米国の生活者目線の生情報として、ロスのAkiraさんから

のこんなメッセージにも背中を押された。曰く、「日本に比べると、はるかに感染者数も多く、確かに昨今は気のゆるみか、あるいはオミクロン株は大したことがないとの見解で逆に感染者が増えているようですが、漏れ聞こえる通り、感覚的にはインフルエンザと変わらないという感じになってきていると思います。正直、コロナが始まった時から、日本に比べて切迫感はないですし、国内（米国の意）において、最近は通常通りに旅行に出ています」。彼からのそんな言葉にも大いに力をもらったことから、実施を決断した。加えて、在米国の旅行社からの次のメッセージにも勇気づけられた。

「日本人のアメリカ渡航についてですが、以前のような人数まで回復はしておりませんが、渡米してこられる方も少なからずいらっしゃいますので、アメリカ国内での受け入れはご心配には及びません。……ニューヨーク等の主要都市はさらにビジネスや留学での渡航者も増えておりますので、私自身も街中で旅行者と思われる日本人の方とすれ違うことがかなり増えてまいりました。アメリカに旅行にいらした方が皆さま口を揃えておっしゃるのは、アメリカは日本と比較できないほどに日常が戻っていて想像以上に普通に観光できて楽しい、ということです。日本からアメリカに来たからといって異様な目を向ける人はおりませんのでご安心ください」

【後日譚】

❶ 米国内の街を歩いての観察では、米国人と思われる人はほぼ100％マスクをしないで闊歩していた。それ以外では、英語のネイティブスピーカー以外の方々では、かなりの割合でマスクをしている人が多かった。我々自身は、やはり感染が怖いし、街歩きの際には気持

ちも悪いので、マスクは必須の防御手段だった。

❷ 我々の旅行中には、ドル・円レートが1ドル135円台に突入し、極端に悪化した。旅行終了後最悪では145円台まで悪化したが、本稿を執筆している現在では、国の為替介入もあって、130円台の中盤から後半くらいで推移している。

❸ 米国でのガソリン価格は、ツアー中、実際にガロン単価7ドル以上で販売されていた。日本円に換算すると後述の通りリッター単価255円にも上る驚愕プライスが出現していた。国立公園入り口などの選択の余地のないところではこの傾向が強く、いずこも同じでむしれるところからはむしるようだった。

7÷3.7854×138＝255円。1ガロン単価7ドルを当時の為替レートで換算すると、この通りリットル単価が驚愕の価格に上った。産油国なのに何故？と思わずにはいられなかった。

人生のマイルストーン

第2章

思いはアメリカへ

MILESTONE 07　参加者9人、検査陰性出国

往路最大の関門は、成田で出国の要件としてPCR検査が陰性となり、その証明が受けられるかどうかにあった。幸いにも9人全員が陰性となり、めでたく出国が正式に認められた。やれやれである。しかし、気になることは成田空港内の閑散とした情景だ。施設内では照明が消されているところが多くてうす暗く、また、食事をしたくともシャッター街化したレストラン街を見るに心まで寒々しくなってくる。かろうじて営業しているコンビニで、時間つぶしの食料や飲み物を得た。もし催行を決定する前にこの情景を見たら、実施の決定はしなかったかも

5/4　浜松駅出発時
応援団に見送られる

5/4　ロス到着後、サポート役のAkiraさんご夫妻とホテル横のレストランでメキシコ料理を堪能⇒前祝い!!

しれない。

しかし、5月の陽光に照らされた身には、このまま飛行機に揺られて行く気にもならず、空港内のシャワー室に吸い込まれていった。

MILESTONE 08 アドベンチャーツアー開幕

2022年5月4日、メンバー全員、PCR検査は陰性でクリアすることができ、コロナ禍でまだまだ閑散とした成田空港を定時で出発することができた。先ずは大きな関門を突破した。フライトはシンガポール航空のボーイング787である。CAさんが着用する制服「サロンケバヤ」にうっとりと鼻の下を伸ばす。筆者の機内での搭乗作法は、機内サービスの開始まで持参した本を読む。次に、サービス開始時にブラッディマリーをオーダーする。しかも、ウォッカのミニチュア瓶は2本確保することがポイントだ。それらを飲み干して、ほど良い塩梅になった頃合いに、サービスされた食事を平らげる。すかさず、トイレに行って

5/4　成田にて
出発待ちの搭乗口付近で業務開始を待つCAさんたちと念願の記念撮影をする。うっとりするほどチャーミングな方々だ。「マスクがなければな～」

歯磨きをし、それから、睡眠ホルモンであるメラトニン製剤（米国内で普通に販売されている睡眠補助サプリメント）を1カプセル服用する。こうすると、騒然とした機内でも1〜2時間は熟睡が可能だ。また、その後も薄目を開けながらでも、しばらくは眠れる。結果、時差ボケはかなり和らぐ。このため、機内でのエンターテインメント・サービスはまず使用しない。これは、過去にかなりしんどい思いをしたことの反省である。

10年前、還暦記念にカナディアンロッキーズ周遊に行った時だった。搭乗後、持参した池波正太郎著の文庫本を読み始めたら、面白くて閉じることができなくなってしまった。バンクーバーの上空で着陸態勢に入った頃に完読したが、空路全く眠っていなかった。案の定、ひどい時差ボケに悩まされた。また、現地の時間に体内時計がマッチするまでに、いつもより随分余計に時間がかかってしまい、ほとほと苦しんだ。この反省から、機内では必ず睡眠第一であることを自身にルール付けた。

ロス到着は時差の関係で日本出発日と同じ5月4日である。今日は、9人全員が無事米国に入国できたことが、最大のトピックだった。空港からホテルに直行し、三々五々部屋でくつろいだ。有り体に言えば、むしろ動きたくない感じ。

そして、午後6時からは、ロス在住のAkiraさんご夫妻とジョイントして、一大パーティとあいなった。今宵の晩餐は、ホテルから歩いて数分のところに在る、Casa Gaminoというメキシカン料理を堪能した。料理よく、和やかな歓談も大いに盛り上がり、楽しいひとときを心から堪能した。当地では今、5月4日の午後8時半を過ぎたところ。往路機内での寝不足を取り返すべく、風呂に入って温まったら、爆睡だ。やっ

と眠る時間が来た。

5月5日。今、午後8時50分、マイアミは夜である。今朝は、午前6時50分にホテルロビーに集合して、空港に行き、アメリカン航空のターミナルゼロを探して少し難儀した。しかし、何とかクリア。チェックインでは泣くほど難儀しそうになったけど、日本人スタッフの細やかなヘルプをいただき、一気に解決。そして、機上に。

マイアミに到着した。アメリカ国内で、ロス→マイアミ間の移動に空路8時間もかかるとは不思議千万と理解できないでいた。だが当地に来てみて、空路移動時間が5時間、それに時差が3時間上乗せされた所要時間だったことを理解した。広大な国土では不思議なことが付いて回るものだ。やはり、同じ国の中で時差があるということには、まだまだ肌合いが合わない。そしてホテルにチェックイン後は、ホテルの最上階で、全員でディナーと洒落た!!

MILESTONE 09 マイアミ・キーウェスト1日観光

2022年5月6日、今日は、渡米後初の観光一色の1日だった。朝、8時にホテルでピックアップしてもらい、一路キーウェストに向かう。高速道とルート1（US1）を乗り継いで、片道4時間をかけて目指す島へ。途中、セブンマイル・ブリッジを通り、メキシカンガルフを西に、大西洋を東に切り裂くように島（Key）が連なり、海の中の道を延々2時間もかけて360度の眺望を満喫した。

マイアミに来たのは、セブンマイル・ブリッジやメキシコ湾と大西洋とが同時に見られるロケーションというよりも、何よりもパパ・ヘミングウェイの息遣いを感じる土地に触れてみたいという熱烈信奉者が

なんと、このあたりの家では、1階は自家用機のガレージである!!!

メンバーにいたことによる。しかし、5月のキーウェストは想像以上に暑かった。島では、極めて暑い通りを太陽の直射を受けながら歩き、メインストリートをはじめ、サザンモストポイントで記念写真を撮り、ヘミングウェイの家に辿り着いた頃には全身くまなく大汗をかいていた。

もう一つ、この地で思いを馳せるのは、ここはカリブ海の海域であることだ。遠く1800年代あるいはもっと遠い過去の時代に、中南米の富の収奪や、奴隷貿易の中継地にこの海域が広く活用されていたのだ。そしてその結果、この海域では多くの船が沈没した史実が残されている。今では、一攫千金を狙うトレジャーハンターは多くはないものの、時に財宝を探し当てたというニュースに出くわすこともある。筆者は、「難破船博物館」にて「フロリダ海域の難破船マップ」を求めた。過去にこの海域で沈没した歴史上の船舶のデータがプロットされている。思っていたよりもはるかに沢山の沈没船があったことに驚いた。ハリケーンにやられたり、当時多く出没した海賊船の跳梁《ちょうりょう》によるものも相当数あっただろうと、古き時代に思いを馳せる。帰国後は、我が書斎兼仕事場に額装したうえで、壁面飾りと洒落よう。

さて、今宵のホテル帰着時間は、おおむね午後8時ごろか、帰ったらバタンキューとなるだろう。

ルート1 終着地点

セブンマイル ブリッジ

北米最南端ポイント

ヘミングウェイの家

難破船博物館

MILESTONE 10 親を騙した「猫」の思い出

キーウェスト、ヘミングウェイとくれば、6本指の猫が有名である。その昔、パパ・ヘミングウェイが、なじみの船長から譲り受けた猫が6本指だったことから、この界隈ではかなり繁殖したそうである。元来は「多指症」という一種の奇形なのだそうだが、親指のような6本目の指を使って器用にネズミを捕ることから、船乗りに愛されたとのこと。キーウェストで見た猫がそれであったのかは、どうにも近寄れず確認できなかった。ところで筆者にも、猫にまつわる思い出がある。60年もの歳月をさかのぼることになるが……。

猫の思い出には、親を騙したことが鮮烈な記憶として心に残る。あれからおおむね60年が経過した。すでに時効も成立しているし、騙された親父もおふくろもすでに黄泉の国に旅立って久しい。すべてが時間の経過とともに許される頃と思うので白状する。それは、親父と捨てに行った子猫3匹を私が連れ帰ってしまったことである。この話は、年代の記憶は定かではない。マイ自転車が手に入ってからのことゆえ、小学校3年生頃のことだったか。

ある夏の夕暮れ、親父が「猫を箱に入れろ」と言うので子猫を集め、箱に入れて持っていった。そしたら「ちょっと散歩に行こう」と言うので、親父の自転車の後ろに猫の箱ともども乗った。どこかへ楽しく自転車ハイキングかと思いきや、どうも様子が違う。どうやら猫を捨てに行くようだと勘付いたのは、家から遠く離れた頃であった。しかし、その頃はすでに私も子供用自転車を乗り回している時期であった。今風に言うと「チャリンコ暴走族」とでも言われそうな、クソ餓鬼だっ

た。それはさて置き、親父の目指した猫の捨て場所は、当時私が魚釣りによく通った道中である。周りは田んぼばかりだったが、砂利道（公道）の脇に駄菓子屋が1軒ぽつんとあった。そこは我が家からは遠く離れ、当時の記憶では優に自転車で40～50分以上はあったと思う。自転車から降りた親父は、駄菓子屋の軒先にそっと箱を置き、そそくさと逃げ帰ってきた。おおらかな時代だった。今では、現場を見つけられたら、責任をとれと面倒な話になるだろう。しかし、何とか処分したとホッとしている親父の不覚は、よもやこんな遠くまで私の行動範囲が広がっているとは思いもしなかったことだろう。私には子猫の捨て場所が極めて明確に認識され、再度そこに来ることも全く問題はなかった。

2～3日後、そろそろ回収時期と考え、私は一人で捨て猫現場の駄菓子屋までマイ自転車で駆け付けた。駄菓子屋の婆さんからは「ニャー

キーウェスト、ヘミングウェイの家近くで昼寝をしていた猫。この猫の指が何本かは残念ながら確認できなかった

ニャーとうるさくてしょうがなかった」と小言を言われたが、回収完了、即座に撤収。夏でランニングシャツ1枚の私は、3匹の子猫をランニングの中に押し込み、そそくさと現場を離れた。何日ぶりかで味方に出会った子猫たちは、安心して私の懐から顔を出したが、「今度はどこに連れていかれるやら」と一抹の不安を隠せない表情をしていた。さて、ここからが智恵の使いどころだ。大人を騙さなくてはならない。

家の間近で猫たちを懐から出し、家に向かうように放した。あとは帰巣本能に任すしかない。しかし、私のランニングの内側は、夏の暑さと遠くから自転車をこいできたため、滝のような汗をかいている。そこに3匹の猫の抜け毛がびっしりと張り付いていたので、私が捨て猫を回収してきたのが自明になってしまう。そこで親猫を捕まえて、ランニングシャツの中に押し込み、そうやって遊んでいる姿をお袋に見せ付けたのだ。これで私の胸や腹に張り付いている猫の毛は、親猫のものであると認識されよう。子供の浅智恵とはいえ、なかなかの知能犯だ。その直後に、親猫が子猫を見つけて、無事生還となった。涙の対面である。お袋はビックリ、私はしめしめ、してやったり。

今思うに、当時親は何も言わなかったが、騙されてくれたのだということがこれを書くことでピンと閃き、初めて深遠な親心というものが理解された。如何に3匹の子猫が協力し合おうとも、あれだけの距離を帰ってこられるわけがない。道中には川もあり、道路や鉄道も横断しなくてはならず、そんな奇跡のような話があるわけはないのだ。それは映画や小説の中だけだ。やはり子供の浅智恵だった。と同時に、余計なことをしたと怒りもしないで騙された顔をし続けてくれた両親は、大した役者だった。大きな愛情だった。

【後日譚】　我が母はすでに黄泉の国に旅立って久しいが、今から14～

15年ほど前、齢90を超えた頃に、この猫物語をしたことがあった。当時の母は、その精神活動は至って元気で、まともだった。その時の母の言である。
「あのときは、わたしゃ本当に奇跡が起きたと思ったよ。いろいろな苦労を強いられただろうに、遠くから戻ってくることができたなんて本当にご苦労さん。子猫たちを見つけたときにゃ、わたしゃ本当に涙が出たんだよ。今このときでも、あの情景を思い出すと涙が出てくるよ。だけど、この年になってお前から、こんなことを知らされて、わたしゃ心底がっかりした。お前に騙されていたなんて、本当に思いもしなかった」とのことであった。どうせこのときまで話さずにきたんだったら、もう少し辛抱して黙っていたほうが親孝行だったと、心の中で二重の親不孝を詫びた。世の中には本当のことを知らせることが、悪という場合もあるんだ。

MILESTONE 11　マイアミからニューヨークへ

今日5月7日と明日8日は、完璧な移動日。マイアミからニューヨークに向かう。本来は午前8時発、明日の午前11時半ごろに到着予定の鉄路便だったが、それが運行キャンセルとなり、代替便として提示されたのが午前11時40分発、ニューヨーク到着翌日午後7時10分の鉄路である。日本のJRとは異なり、時刻表はあってなきが如しだと聞く。したがって我々の予想到着時間は、最悪午前0時ごろまでには着くだろうと予測している。陸路は、果てしなく遠いようだ。したがって、暇を潰すのが、かなり大変だ！
一応、我々のチケットには、3食が付いているので、先ほど食堂車で

食べてきた。はてさて、残り30時間余をどうやって暇を潰すか？　それが目下の一大事である。

そんな鉄路の道中、アムトラック（Amtrak）でアメリカの真骨頂を知る。列車に揺られ半日が過ぎた頃であった。我がキャビンと隣を隔てる隔壁が実は鍵のかかる扉であった。ところが、これがマイアミ出発時からフルオープン状態だった。オーランドにてリタイヤしたアメリカ人の軍人夫妻が乗り込んできた。そこで、こんな開けっぴろげ状態では双方にとってプライバシー上具合が悪いので、車掌さんに隔

乗車直前のアムトラックの列車

タイムズスクエアの昼の風景

ブルックリン ブリッジ

壁を閉鎖するように依頼した。その結果は事もあろうに、タオルをくさび代わりにして何とか開かないようにしたのだった。満面に笑みを湛えた車掌さん曰く、「これで大丈夫」だとさ!!　キャビン（個室）に残された筆者と妻の2人、腹を抱えて大笑いした!!

5月8日午後8時過ぎ、我々の乗るアムトラックの電車（一部区間ではディーゼル車）は、1時間遅れで終着地ニューヨークのペン・ステーションに到着した。これは多分画期的なことだろうと思う。たった1時間の遅延である。褒めてやらなくてはならない。

物騒な夜中に、ニューヨークの片隅で大きな荷物を引きずりながらホテルまでの道を探し歩かなくてはならないと覚悟していた我々であったが、喜々として宵の口のニューヨークの街を堪能しながらホテルに向かった。さすがにニューヨークだ。道行く人はまだまだたくさんいる。明日は、また早起きだ。早々に寝ることとしよう。

到着時のニューヨークの風景 エンパイア・ステート・ビルを遠望

メトロポリタン美術館の威容

マンハッタン タイムズスクエアの夜景、映画『トップガン』の電飾が見る者を圧倒する

5月9日　今日はお上りさん宜しく、ニューヨークの市内観光をして、午後はじっくりメトロポリタン美術館を見学するという、非常にアカデミックな我々だ。

ニューヨークの市内観光では、タイムズスクエア、ブルックリンブリッジまで名所巡りをした。昼食後いよいよメトロポリタン美術館で世紀の大芸術に巡り合ってきた。なお、館内ではカメラはストロボ以外全く制約はなかった。(ただしそれらの写真の掲載はご法度だ。残念)

ホテル帰着後、夜のニューヨークを散策。喧騒の街らしきたたずまいを存分に目にし、記憶にとどめた。

MILESTONE 12　友人と歩いたニューヨーク

ニューヨークと言えば、忘れてならない思い出がある。そう、9.11の話だ。

2001年9月11日。もう22年前になる。犠牲になられた方々のご冥福を心から祈る。この白いバラの花に込めた祈りが、筆者にも今もって熱く迫ってくる思いがする。当時は、この地にワールド・トレードセンタービルが空に向かって2本屹立していた。そのビルの上層階から2本の煙が立ち上っていた姿は、忘れ得ぬ情景だ。丁度このテロ事件が発生する1ヶ月前に、筆者は友人とこの近辺を歩いていた。のほほんと何の屈託もなく。もしかして9.11ではなく8.11だったとしたら、我々もこの白いバラを手向けられた方のように、慰霊碑に名前が刻まれていたかもしれなかったのだ。

2022年5月9日 ニューヨーク ワールドトレードセンター（ツインタワー）跡地の慰霊碑の一部。犠牲者の誕生日ででもあったのか、白いバラが1輪、寂しげに風に揺れていた

当時おじさん二人でボストン・ニューヨークを経めぐった旅行記の最終章にこんなことが書かれていた。

「最後の最後までハラハラすることが尽きなかったが、ともかくオジサン二人揃って無事に帰国することができた。折しも、日本は総選挙戦の真っ只中。しかも小泉さん（当時の首相・小泉純一郎氏のこと）の空前の人気で、浜松に着いた時に彼の街頭演説があり、中学生の女子までが黄色い声を張り上げていた。そしてまた、帰国後まだ日が浅く写真の整理もつかない頃に見たあの大惨事。マンハッタンの景色が変わってしまった。あれがもう1ヶ月早かったら、我らも被災していたかもしれない。世界には、狂信的な人たちが現実の世に住み、人を人とも思わない論理がまかり通っているようだ。人の命は地球より重いとする日本的価値観にはいささか辟易するが、それにしても大量殺人だけを目的に、しかも周到な準備で黙々と行動する狂気には、身の毛のよだつ思いがする。何か大きなでき事の場面には居合わせたいとの野次馬根性を誰しも持っていると思われるが、今度のテロだけはそうでなくてよかった。犠牲になられた方々の、ご冥福を祈るのみ」

道中記本編　北米大陸横・縦断冒険行開幕

道中記録-その1

5月10日ニューヨーク出発 ～5月25日コーディ（Cody）到着までの足跡

道中移動経路

① 5/10　RVツアー出発点　ニューヨークシティ

② 5/12　ワシントンD.C.　ホワイトハウス等を見学

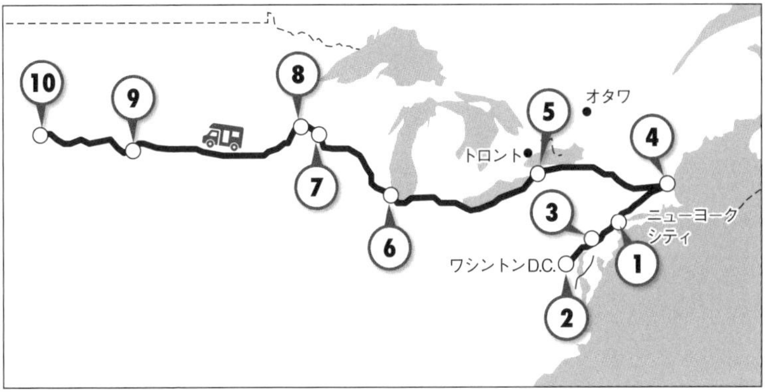

③ 5/13　ペンシルベニア州　ランカスター郡　アーミッシュの村を探訪

④ 5/14&15　マサチューセッツ州　ボストン　世界一のクラムチャウダーとボイルドロブスターを食べて、ホエールウォッチングに興じた

⑤ 5/17　ニューヨーク州　ナイアガラの滝　「霧の乙女号」に乗った

⑥ 5/19　イリノイ州　シカゴ　シカゴピザとシカゴブルースを堪能

⑦ 5/21　ウィスコンシン州　ペピン　『大草原の小さな家』の作者ローラ・インガルスの生家が復元されており、思わず子供時代に返ることができた

⑧ 5/22　ミネソタ州　ミネアポリス　全米最大のショッピングモール散策

⑨ 5/24　サウスダコタ州　ラッシュモア山にて、建国に功のあった4人の大統領と、併せてクレージーホースの岩壁大彫像を見る。

⑩ 5/25　ワイオミング州　イエローストーン国立公園のゲートシティ・コーディに到着する。

人生の
マイルストーン
第3章

RVツアー

―― 日々快走 ――

MILESTONE 13 北米大陸横断冒険行　1~4日目

1日目（2022年5月10日）

2022年5月10日から始まった、北米大陸横・縦断 シニアの冒険行は、皆で協力しながら、着実に距離を延ばしていった。走行開始後の日々の走行データは、70ページに示す通りである。

モーターホーム（以後RVと略す）運転開始当初は、とにかく右側通行に慣れなくてはならない。同時に、RVの大きさ、特に長さに慣れる必要がある。大型バスサイズの車を右側通行（Keep Right）の国で安全に走らせなくてはならない。シカゴまでは、指導員としてRVの経験豊富な山ちゃんに2号車のドライバー育成に当たってもらっているので心強い。

1号車は、筆者がドライバーの管理指導役を負っている。初日の走り出しで、若干つまずいた。それは、日本食スーパーで買い物をして、冷蔵庫に収納した時に発生した。2号車の冷蔵庫の取っ手が破損してしまったのだ。そこで、2号車を代車に交換してもらうべく、一旦出発点のレンタル会社の営業所に戻ることになった。一方、1号車はそのまま日本食以外の買い物を続けるべく安価なほかのスーパーに向かい、2台分の買い物を行った。初日のゴールとしては、ニューヨークのハドソン川沿いのRVパークで合流を期したが、運よくその手前で出会うことができた。その日は、ニューヨークの夕日を浴びながら、バナーの車体への貼付作業を終えてから、全員で外飯《そとめし》と洒落た。1号車と2号車の走行距離が違うのは、そんな理由である。

2日目（2022年5月11日）

アメリカ建国の地フィラデルフィアに向かった。RVパークとダウンタウンの間はローカル電車を活用した。建国の象徴とされる建物や「自由の鐘」なども目にすることができた。この日の終了間際に、男性ドライバー予定者から運転できないという重大な告白を聞くことになった。2年間もの準備期間の積み上げげを無にするもので、残念な気持ちが

ニューヨーク出発直前で緊張するメンバーと2台のモーターホーム

ホワイトハウスの雄姿

2日目 建国の鐘を観て、大いに感銘を受けた

ハドソン川の対岸にニューヨークのビル群を見る

ぬぐえない結果となった。RVパーク帰着後、三沢基地に駐留経験のある母子が訪ねてくれた。旧恩に感謝するとのことで、上等なバーボン・ウィスキーを1本差し入れてくれた。大歓迎だ!!!

3日目（2022年5月12日）

前日と同様にハイウェイを通りワシントンD.C.に向かった。RVパークに駐車の後、電車で向かった。世界に冠たる国の、その政治の中心地であり、華やぎと荘重さのオーラを強く感じた。このオーラは、誰かが重み付けをしたものではなく、米国民が等しくプライドを持って共有しているところが凄さの源泉だと感じ入った。

4日目（2022年5月13日）

ボストンに大きく距離を延ばす予定だが、途中のペンシルベニア州ランカスター郡にてアーミッシュの村を経由しての700㎞余の行程だ。

アーミッシュの方々の生活の場に立ち寄らせてもらう。村の中心部にあるファーマーズ・マーケットに向かった。彼らにすれば貴重な現金収入獲得の場であり、他者はアーミッシュの文化に直接触れることのできるこれまた貴重な相互交流の場である。

2022年5月13日　このツアー計画の当初から行ってみたい所としてマークしていた訪問地だ。アメリカで最大のアーミッシュのコロニーだと聞いている。アーミッシュとは、簡潔に述べるとドイツ系移民を祖とするキリスト教と共同体に忠実で厳格な戒律を持った宗教者のコミュニティと述べておく（筆者は門外漢ゆえに厳密な定義は承知していない）。アーミッシュの方々は近代文明を拒絶し、かつ古い時代のままの非常に頑なな生活をしているとばかり想像してきたが、案外柔軟

で、明るく、そして宗教上の戒律はよく守り、そのうえでモダナイズ（Modernize、近代化）に対しても偏屈ではなさそうな生き様を垣間見ることができた。そのことが非常に良かった。

筆者の理解が間違っていたのは、アーミッシュの村が単独で、かつ閉鎖区画で存在していると勝手に思い込んでいたことである。当然、村の周囲には、近代文明が入り込まないように強固な柵が設置されて、同族以外とは接点がないような仕組みの中で生活されているとばかりに思い込み、そのうえ、現代文明というウィルスがコロニーに入らないように、注意深くかつ慎重に隔絶した生活を送っていると思い込んでいた。あたかも、我々がコロナウィルスの侵入を防ごうと躍起となったような厳格な防御態勢が敷かれていると想像して来た。

百聞は一見に如かず、とはまさにこのことである。彼らは確かに生産に用いる動力も、電気やガスなど現代のエネルギーをはじめ、移動に自動車を使わないなど、現代文明は明確に忌避しているようである。

ペンシルベニア州ランカスター郡のアーミッシュの村にて、洗濯物の干し方にアーミッシュの方々の特徴がみられた。同時に彼らの大らかな心意気も感じられた

アーミッシュの方々の農業生産風景 堂々と馬力（6頭立てのラバ）が主役だ

一方で、ソーラー発電による電気冷蔵庫の利用や少し遠くまでの移動には公共バス（燃料は石油ガス）の活用もタブーではないという。

訪問したファーマーズマーケットでは、我々に対する接遇は極めて明朗であり、気持ちよく接してくれ、一方で我々の持っているカメラや携帯電話を妙に珍しがったり、物欲しそうな風も感じられなかった。WEB情報によれば、16歳になると一度俗世での生活を体験させ、18歳になる際に、俗世かコミュニティに戻るかの選択をさせるそうだ。この制度をラムスプリンガという。この時期にはアーミッシュの掟から一切フリーになるため、飲酒やドラッグなど、戒律で禁じている行ないに手を染めることも許容されるようだ。しかし、多くの子弟はコミュニティに戻る選択をすると記述されている。だからこそ、住宅地の周

村内移動用の馬車バギー
自動車代わりの乗り物

アーミッシュ村のファーマーズマーケット
村人と旅行者との交流の場である

囲には柵もなく、また俗世の住人と住居を隔絶する必要もなく、アーミッシュの住人も俗世の住人も仲良く時間を共有して、この地域に居住しているというわけだった。

ただ一点、旅行者の目線でアーミッシュの家族の生活状況と俗世の住人のそれとが明確に異なることを発見した。それは、洗濯物の干し方に象徴される。アーミッシュの家庭では、洗濯物は実に大らかに満艦飾然として、太陽の光を十分に浴びるような干し方をしていた。あたかも子供の頃に見たテレビドラマ『名犬ラッシー』のお母さんの干し方にそっくりだったのだ。

筆者はマーケットでは自身の土産には、乾燥豆とベルト（皮革工芸品）を求めた。

その後は、ちょうど退勤時間にぶつかり、ニューヨークの超絶な混雑（ハイウェイの大渋滞）の中を走り、雨のそぼ降るハイウェイを飛ばして、夜9時40分ごろにRVパークに到着した。ニューヨークの壮絶地獄のような道路状況にも臆せず、果敢に運転したのは、ほかでもない勇敢な女性ドライバーだったことを特筆する。

MILESTONE 14　北米大陸横断冒険行　5〜9日目

5日目（2022年5月14日）

運転休養日だが、電車の駅・マンスフィールド（Mansfield）まで少し運転し、ボストンに出て、世界一のクラムチャウダーと大きなボイルドロブスターをレストランLegal Sea Foodで満喫した。目で食べ、口福を感じ、超満腹になった。実は、駅到着時にRVの駐車場所探しに難

マンスフィールド駅から、この電車でボストンに向かう

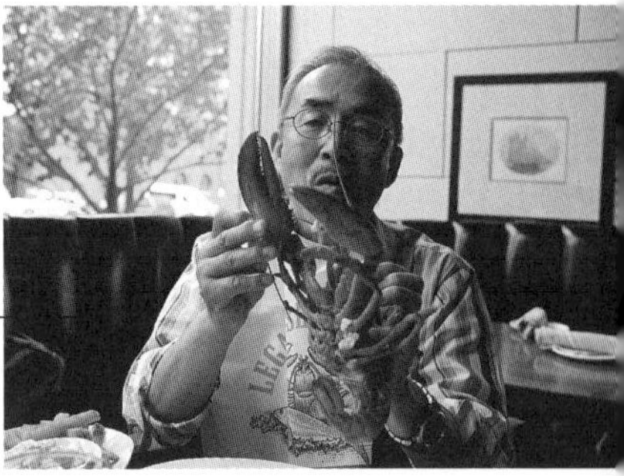

1ポンドのボイルドロブスター。皆の口福の源となった

儀したが、この日は土曜日で取り締まりもなかったようだ。4時間許可の時限駐車スペースに数時間オーバーで駐めたが、違反切符は切られなかった。

この日は、鉄路の最寄り駅に出るために1時間ほどRVに乗ってマンスフィールドまで出かけたが、その途中でロードアイランド州をかすめるように通過していた。実は、ロードアイランド州の州都プロビデンスには、2001年の8月に行ったことがある。その時の瞑想について、仏教との由来を含めて記す。話は少し時間をさかのぼる。

そもそも筆者と仏教との出会いは、高校生の頃にさかのぼる。今思えば多感な時期だったので、興味の赴くままに脈絡なく漂着するような、そんな問題意識だったか。ある武道の道場に通い始めたことから、

その精神的バックボーンとしての禅宗に漂着した。この武道の教義は、己を鍛え、己を高めることで、自力宗たる禅宗を範として教えが構成されていた。それは、人を倒すための拳や蹴りではなく、一突き一蹴りが己の心の練鍛に通ずる道として示されていた。そんな教えにはまり結構熱中して道場に通った。と同時に、禅宗そのものにも必然的に興味を持ち、座禅会を行っている町寺に通い、座禅のまねごとも経験した。このお寺が臨済宗の末寺だったこともあって、臨済禅の作法に親しむことになった。臨済禅とは、「公案」つまり禅問答の奥義に親しむことにある。他方、曹洞禅（曹洞宗を教義とする）は、「只管打坐《しかんたざ》」がそのありようで、只々ひたすらに座禅瞑想により奥義に着想すべき座禅法である。とはいうものの、筆者の参禅は奥義に近づくことは全くできておらず、そこまでの瞑想昇華には至ることはなかった。

お寺の座禅会に通ううちに、もっと禅を極めたいとの欲にかられ、富士山の麓の座禅道場に参坐したことがある。7日間の大接心会《だいせっしんえ》にいきなり参禅した。この道場で参坐するには特別な資格はなく、来る者拒まず、去る者追わず、の思想が徹底している。この道場では、ただひたすら座禅のみを極めるべく、本格的な公案禅の修業が可能だ。午前3時45分開板（起床の合図・板を叩く）から始まり、暁天坐（午前4時から2時間）そして作務、粥坐（朝食）、朝坐と続き、さらに、夜寝るまでにあと5回の座禅行の時間がセットされている。この間、基本的には無言であり、食事も精進食である。入坐後1日半ほどが経ち、少しだけ座禅の習いに身も心も同化してきた頃であった。塞翁が馬、否、好事魔多しというべきか。昼坐（午後1時から2時間）に入り、食後の睡魔と戦っている最中であった。筆者の向かい側に、誰か新参者の気配があった。この道場では、2メートルほどの間隔で、2列で禅を組み、お互い

が正面を向き対坐する形で、座禅瞑想に入るのが作法であった。もともと坐禅瞑想時には、完全に目を閉じることはなく、わずかに薄目を開けて（半眼という）、ただただ心静かに調息に浸りきるのである。

そんな厳かな時間に、強烈に覚醒してしまい、意識が呼び覚まされたのは、前に座ったご仁は男に非ず、筆者と同年配のご婦人のようだ。（当時私は40代半ばだったか？）このご婦人は場をわきまえず、なんとミニスカートで着坐しているではないか。完全な半跏趺坐《はんかふざ》ではないが、眼前で、短めのスカートの女性がいわば胡坐をかいた景色を想像してみてほしい。如何に来る者拒まずとは言え、服装に関しては「長めのスカート」とわざわざ指示が出されている。にもかかわらず、この場を何と心得るか。「誰かこの性悪女をつまみ出してくれ」

最早我が想念は千々に乱れ、調息は度外れ、胸は早鐘を打ちだしてしまい、それまでは水墨画のような淡いグレーの世界に没入していたにもかかわらず、いきなりまばゆいピンクの光線が織りなすおかしな世界に引きずり出されてしまった。その後も、この婦人は、毎坐筆者の眼前で座禅を繰り返していた。何の因果か、こうなっては最早お手上げだ。光のない暁天坐だけは何とか座禅らしき行になったが、光が届く時間はめちゃくちゃだ。ほうほうの体でこの接心会から脱落した。服装を勘違いした婦人が悪いのか、浅学非才《せんがくひさい》で未熟者の吾輩が文字通り修業が足らなかったのか、少し短めのスカートに我が高貴な仏心は微塵に粉砕されてしまった。ひとえに残念、嗚呼《ああ》。

そんな体たらくで、まともな仏心を持ちえない筆者ではあったが、海外旅行中に俄かに無性に孤独を感じ、思わずベンチで瞑想に耽ったことがあった。

ニューヨークで9.11テロ事件のあった年に、ボストンへおっさん2人

で旅に出かけた時のことだ。その日は日曜日だったが、午後からアメリカズカップの開催地ニューポート周遊を予定していた。それまでの時間、おっさん同士は別行動で時間をつぶそうと申し合わせた。筆者はホテル前の公園で、しばし地元の人たちの日曜日の過ごし方を見物することにした。雨はすでに止んでいたが、空は曇り、肌寒い感じがする。あまり出会う人は多くないが、それなりに三々五々人は出てきた。ジョギングをする人、向かいのベンチに腰掛けてハンバーガーを美味そうに食べる若くてキュートな黒人女性、道路際の土手を自転車で上り下りする子供たち等々、プロビデンス（ロードアイランド州）で初めて人の息遣いを感じた。筆者の座ったベンチの近くでは、午後2時から素人ジャズバンドのライブが行われようとしており、白髪を後ろに束ねた爺さんや腹の突き出たオジサンがいそいそと準備をしている。にこっと笑みを送ってきて“Good Concert”と宣《のたま》う。聴きたいけどその時間には、ニューポートにいるんだ。

こうやってベンチで一人座っていると、絶対的な孤独感に包まれてくる。斯く言うものの、寂しさとは別物である。今ここに居合わす人たちは、物理的に筆者の存在は理解しても、名前も知らなければ、どこから来たのかもわからない。ここで倒れたら、どうやって私の素性を知るのだろうか？　周りの米国人たちにとっては、私は存在していないに等しいのだろう。

何故か大きな孤独感に襲われてしまい、諸行無常を感じ、今この時が空であり無と思われて、時ならず仏心が沸き起こってきた。ベンチに座り、目を閉じて半眼になり、調息して手を組み合わせ、足を交差して姿勢を正し、摩訶般若心経を数回声明《しょうみょう》す。我が師と慕うある和尚から学んだ「座り座禅」の作法である。どんより曇って薄寒い大気の

中に、自分が同化していくようだ。心の曇りが少し薄らいできた。

6日目（2022年5月15日）

運転休養日。前日同様だが早朝5時59分発の電車でボストンに向かった。9時30分集合のホエールウォッチングに行くためである。長いこと待って乗船できた。20ノット程度の速度で1時間ほど沖に出たので、およそ40㎞ほど沖合に出た計算である。その後、1時間ほど遊弋《ゆうよく》したが、海上は寒く、残念だが鯨には全く遭遇できなかった。小さな鯨かイルカが跳ねるところは遠望したが、気のせいかもしれない。この日は、メンバー3名が体調不良で留守番をしてくれることとなった。

なお、2日間で片道10ドルの電車区間を4回乗ったが、2回計20ドルし

大西洋に印されたホエールウォッチングの船の航跡

摩天楼も航跡も、時の流れを知らぬかのように、消え去ることなく永遠に漂うかのようだ

ニューヨーク摩天楼 終わりのない夜、明かりの消えるいとまもなく

か運賃を払うことができなかった。これは意図して無賃乗車したわけではなく、電車の中で車掌さんから購入するしかすべがないのに、車掌さんが来なかったという次第だ。

7日目（5月16日）

ナイアガラの滝に向かう移動日。

8日目（5月17日）

ナイアガラの滝観光。融雪水量が1年のうちで最大の時期に来ることができ、その分壮烈な大瀑布が見られたことは喜ばしいことだった。「霧の乙女号」も運行されており、水色の合羽を着て瀑布に臨んだが、文字通りずぶ濡れになってしまった。しかし、爽快なり。

9日目（5月18日）

シカゴに向かう移動日である。

ナイアガラの滝

MILESTONE 15 北米大陸横断冒険行　10～14日目

10日目（2022年5月19日）

シカゴに向かった。山ちゃんのアドバイスで、通常のRVパークではなく、トラックターミナルのような場所にも泊まってみようということになり、シカゴのマコーミック・プレース（McCormick Place）という洒落たネーミングのトラックヤードに宿泊地を求めた。ここでアメリカの真骨頂を体験した。それは、業務用車の真っ只中に我々のような“遊び車”がモタモタと紛れ込んでも、全く排除されなかったことだ。一方我が国では、高速道のサービスエリアでトラック駐車スペースに迷い込んだ時には、かなり剣呑《けんのん》な強いまなざしが突き刺さってくることを体験する。そう、“遊ぶ”ことに対する、社会的な許容度にまだまだ大きな違いがあることを実感した。

RVを駐め、電車でダウンタウンに出向き、先ずはグラントパーク内のバッキンガム噴水を愛でた。その後、シカゴピザなる有名な食べ物があることを知り、サイクルリキシャー（ペディキャブ）のお兄さんに案内を頼み、2台に分乗して向かった。ジョルダノス（Giordano's）というピザレストランにて、9人で2枚のピザを黒人のイケメンウェイターにオーダーして待つ事しばし。

焼きあがったピザは、チーズがびっしりと詰まり、それをトマトソースで覆い隠すような塩梅で、襟が高く成型されていた。襟の部分も香ばしくて、美味かった。なるほど名物だと感嘆した。その後は、ブルーシカゴ（Blue Chicago）というライブハウスでシカゴブルースを堪能した。

午後10時30分ごろライブはオヒラキになったが、タクシーが捕まらない。何とか手配して、三々五々トラックヤードに戻る。3台のタクシーに分乗したが、1台のみ到着が遅れた。こんなときに頭をよぎるのは、悪いことしか思い浮かばない。そのためか、心は千々に乱れた。そんなこんなで非常に心配したが、日が変わった午前0時過ぎ、件の3名は疲れ果てた表情だったが無事に生還した。やれやれである!!!

シカゴのマコーミック・プレーストラックヤードである。RVが駐まっても違和感はない

シカゴに行ったらこの“シカゴピザ”を食べないといけない。非常に美味!!

ブルーシカゴ入店前
チケットもぎりのオジさんと先ずは記念撮影

11日目（2022年5月20日）

当初はマコーミック・プレースにもう1泊して、シカゴを楽しもうという予定だったが、山ちゃんを空港に送りながら身を先に進めようと一決。山ちゃんとはここシカゴでお別れである。山ちゃん、お疲れ様でした。隣のウィスコンシン州まで足を延ばし、翌日の移動距離のいくばくかを今日のうちに稼ぐこととした。もう一つこの日は重要なイベントがあり、2号車を代車に交換すべくシカゴ営業所に立ち寄った。午前中に到着し、メカニックに1号車で問い質したいことをいくつか質問したところ、すこぶる気のいい対応をしてくれた。出色は、運転席のモニター画面にタイヤの空気圧データを表示してくれたことと、カーステレオから音が引き出せたことだった。これがあったからこそ、右後輪のパンクの早期発見につながり、退屈な車中もにぎやかになった。2号車の代車には、既走行距離150マイルという本物の新車があてがわれた。さらに、この車にはジャッキアップ装置も装備されており、後日のスタック事故からの脱出に威力を発揮してくれた。

大事な用事を済ませ、この日は移動日になったが、朝の山ちゃん情報によると今宵の宿泊地ミルトン（Milton）KOA HOLIDAYは利用料1台1泊あたり200ドルの由。そんなに高額ではたまらんと思ったが、夕闇迫る頃になって心細くなり、それも仕方なしと腹を括ってRVパークのゲートをくぐった。受付で交渉してみたら、なんと1台75ドルというではないか。何だか大儲けした気分になった。

12日目（2022年5月21日）

この日は翌日のミネアポリスに行くため、その近郊まで車を進める。途中、ペピンの町は、ツアー計画の最初から訪問地に組み入れていた。

子供の頃に本やテレビで見た『大草原の小さな家』の作者ローラ・インガルスのミュージアムがあり、生地には彼女が子供時代を過ごしたログハウスが復元されているので、是非とも寄ってみたかったのだ。

ローラは、1867年2月7日に、ウィスコンシン州ペピンから約7マイル（約10㎞）の所にある「大きな森の小さな家」で生まれた。ローラが生まれ、1歳の頃までを過ごした丸太小屋はもう存在しないが、同じ場所に丸太小屋のレプリカ“Little House Wayside”が復元されている。

1976年から翌年にかけて建設されたそうだ。ダイニングキッチンと寝室、パントリー（食物を保存する場所）、そして屋根裏部屋だけの小さな家だが、ローラが過ごした小屋は、もっと小さかったような気がする由。WEB情報によれば、バー・オーク（アイオワ州）にはインガルス一家が住み込みで働いていたホテルが残っているそうだが、そこの各部屋と比較すると、“Little House Wayside”はゆったりし過ぎているとの評である。この家は『大きな森の小さな家』の記述をもとに復元されているが、家は実際よりも少し大きく作られていると考えられる由。『大きな森の小さな家』に登場する小さなローラには、どんなに小さな家であっても大きく見えただろうから。

丸太小屋の周囲には現在「大きな森」は存在しない。ローラの父さんをはじめ、開拓農民たちは木を切り倒し、切り株を掘り起こして土地を開いていった。アメリカの開拓の歴史は、別の見方をすれば森林が失われる歴史でもある。アイオワ州の話だが、100年間に森は10分の1になってしまったとのこと。

ペピン歴史協会の人たちは、丸太小屋の周りに少しでも木を取り戻したいと、植林をしているそうだ。特に大きくなってほしいのが、丸太小屋の前の小道に植えられたカシの木だ。『大きな森の小さな家』に

RVツアー　走行ログデータ

No.	日付	1号車	2号車
		走行距離（km）	
1	5月10日	52.8	105.6
2	5月11日	220.8	219.2
3	5月12日	196.8	198.4
4	5月13日	713.6	710.4
5	5月14日	113.6	113.6
6	5月15日	17.6	44.8
7	5月16日	593.6	593.6
8	5月17日	192.0	193.6
9	5月18日	593.6	592.0
10	5月19日	371.2	369.6
11	5月20日	289.6	289.6
12	5月21日	617.6	540.8
13	5月22日	262.4	262.4
14	5月23日	691.2	691.2
15	5月24日	284.8	286.4
16	5月25日	624.0	622.4
17	5月26日	284.8	284.8
18	5月27日	105.6	105.6
19	5月28日	262.4	262.4
20	5月29日	400.0	400.0
21	5月30日	390.4	388.8
22	5月31日	171.2	171.2
23	6月1日	452.8	452.8
24	6月2日	339.2	337.6
25	6月3日	470.4	470.4
26	6月4日	515.2	515.2
27	6月5日	280.0	278.4
28	6月6日	512.0	512.0
29	6月7日	70.4	177.6
30	6月8日	249.6	248.0
31	6月9日	459.2	440.0
32	6月10日	364.8	382.4
33	6月11日	0	0
34	6月12日	0	0
35	6月13日	62.4	62.4
	総計	11,225.6	11,323.2

は、家の前の庭に形のいいカシの大木が2本あり、小さなローラは目を覚ますとすぐに窓辺に走り、カシの木に父さんが仕留めたシカがぶらさがっているかどうかを見に行ったと書かれていたからである。『大きな森の小さな家』を読むと、人々は互いにかなり離れて生活してい

るように読み取れるが、ローラがいっしょに遊んだピーターやいとこたちとは、実は300mくらいしか離れていないようで、かなり近くに住んでいたようだ。木々が隔てていたことと、ローラが小さかったことで、彼女のイメージでは、人々が互いにかなり孤立して離れて暮らしていたように思ったのに違いない。1868年頃に一家はカンザスの大草原へ移住したが､1871年にいったんペピンに戻っている。4歳になっていたローラが一時期通った学校、バリー・コーナー・スクールも丸太小屋の近くにあったそうである。ローラが習った先生､アンヌ・バリーの墓は、ペピンから丸太小屋へ至る道の途中にある共同墓地で見ることができるそうだ。

さあ、皆さんが、汚れなき少年少女の時代に見た『大草原の小さな家』の思い出の地に、当時のようにキラキラした目と心をもって、訪ねてみよう。

我々9名が訪ねた“Little House Wayside”は、さほど大きな森の中とは言えない環境ではあったものの、当時を懐かしむのには最適な風景だった。その地で、昼食にカップ麺を皆で食したが、遠い昔の食事の団欒はこんなものかと想像をたくましくすることができた。

気温、風や葉《は》擦《ず》れの音、景色そして空気感等々、それらすべてが読書に誘うようだ。帰国後には、恥ずかしながら再読しよう。

なお、今日は道中で食料品の買い出しができなかったので、RVパーク到着後に最も近くの食料品屋で買い出しをしなくてはならない。はてさて､それがびっくりだ。なんと一番近い食品スーパーまで片道25㍄(40km)の由。往復80kmにもなる。日本だったらどれだけの時間がかかるのか？　距離も距離だが､田舎道でも時速60㍄（100km）走行ができるので、25分程度で行き着いた。これも驚きだ。さらに、40kmもの道

"昔の良い子"のあこがれだった、ペピンにあるローラの生家。願いがかなった

のりにもかかわらず、ほとんど人家がなかったことだ。これも大きな驚きに加えておこう。

13日目（2022年5月22日）

今日はミネアポリス（Minneapolis）で全米一のモール街に出没である。メンバーの年齢があと10歳若かったら、皆血相を変えてショッピングに走り回るのだろう。しかし、現実には老境を迎え、装いにはとんと関心が薄くなったせいか、皆、歩くのを止め、フードコートの椅子に陣取るばかりだ。集合地点には、約束の時間よりよほど早く皆が集まった。

そして、大反省言上!!!　モール街からの帰路RVパークまでの距離はわずかに24マイル、ほんのひとっ走りだ。そう思って眠気対策を講じなかった。結果は酔眼のように朦朧となり、よれよれの居眠り運転の仕儀に相成った。右に左に撚《よ》れ、あげく追い越し車線にはみ出し、さらに右側道に与太《よろけ》るという失態をさらけ出してしまった。後続の2号車が心配することしきり。事故を起こさなかったことが奇跡と思われた。厳し

ミネアポリス（Minneapolis）
で全米一のモール

く反省し、無事故であることを肝に銘じなくてはならない。

14日目（2022年5月23日）

サウスダコタのラッシュモア山に向けた移動日。

行けども行けども景色は変わらず、アメリカの広大さを思い知らされた。なお、今日のRVパーク到着は我が時計では午後4時29分のはずだったが、ミュード（Murdo）の町で時間区分が変わり1時間のゲインがあった。したがって、到着地の時間は午後3時29分であり、1時間丸儲けとなったが、同一州内で時差があることに違和感を持った。なお、このRVパークのおかみさんは、全身まがまがしいタトゥーで彩られていた。

そこで話は飛躍するが、アメリカの現実はかなり病んでいるようにも見受けられる。そうは言ってもこの表現は言葉が足りないようだ。逆に言うと、では病んでいない国家はどこにあるかというテーマに行き着いてしまう。言うなれば、病んでいない国家などないという現実を基に読み進んでいただければよいと思う。

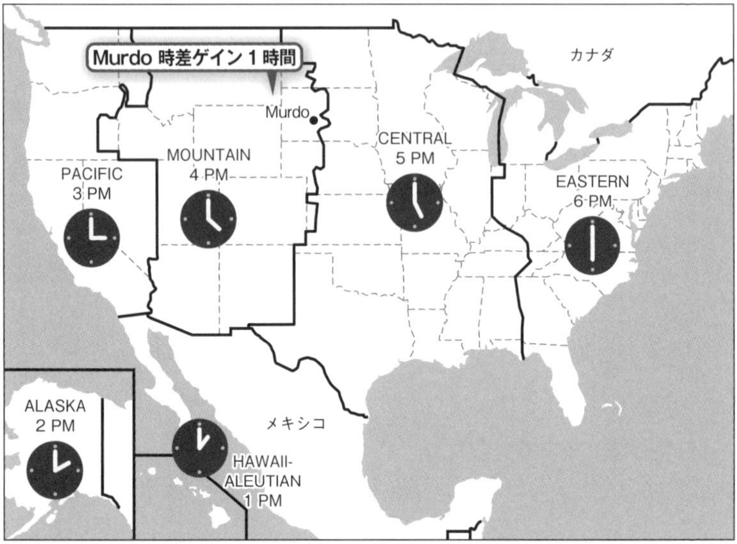

どうすればあんな体型になれるのか、というほどの肥満者が社会のマジョリティになりつつある。これは男性よりも圧倒的に女性に多そうだ。筆者は、それほど多くの機会をもって米国社会を見聞しているわけではないが、明らかに、病的肥満者が増加している。

日本では、全く見ることができないレベルの肥満者だ。何といっても自身の巨体を動かすことが一仕事といってもよさそうなしぐさを見ると、これでは社会的な生産活動に支障をきたすのではないかと推測せざるを得ない。まして、社会の半数が健康保険に加入できていないこの国の実情からすると、恐らく彼等・彼女たちは低所得者向けの医療扶助制度メディケイドの対象者ではないかと想像する。このような人が増加するということは、ダイレクトに社会保障費の膨大を意味し、

機動的な国家予算配分の観点では厄介な問題になってきたことだろう。RVツアー2日目にフィラデルフィアの街角で、シニアカーに乗って犬を散歩する女性を見た。見るからに体重が重くて歩くのが大変なので、シニアカーに乗る。そうやって日常的に歩く生活から遠ざかるので、さらに太る。このようなケースを「人間版負のスパイラル」と言えなくはないだろうか？

肥満は今やこの国のアキレス腱ともいえそうだ。政府の疾病対策センター（CDC）によると、1999～2000年に30.5％だった成人の肥満率は、2017年～2018年には42.5％まで上昇した結果、今や成人の5人に2人が肥満ということになる。あるレポートによれば、「17歳から24歳の米国人の71％は軍の入隊条件に対し、肥満ゆえに不適格となっている」と指摘され、国防問題にまで重大な影を落としてきたようだ。米国の肥満問題の根底には経済格差が潜んでいる。貧困層や低所得層は、安くてお腹がいっぱいになる高カロリーのファストフードや加工食品に依存せざるを得ない。

また、貧困層が多い地域は健康に良い生鮮食品を売る食料品店がほとんどない。こうした地域にはフードデザート（food desert；食の砂漠）との言葉まであるようだ。

この問題の他に、多くのアメリカ人が、からだ中に派手なタトゥーを入れていることがあげられる。数年前の米国でよく見られたのは、単に文字や似顔絵などを体に刻むというタトゥーが多かったが、最近では日本の「もんもん」もかくやと思えるほどの腕全体、からだ全体に天然色でまがまがしく模様がまぶされている状況を頻繁に目にする。

ポリスやプロスポーツ選手は言うに及ばず、RVパークの管理人や、

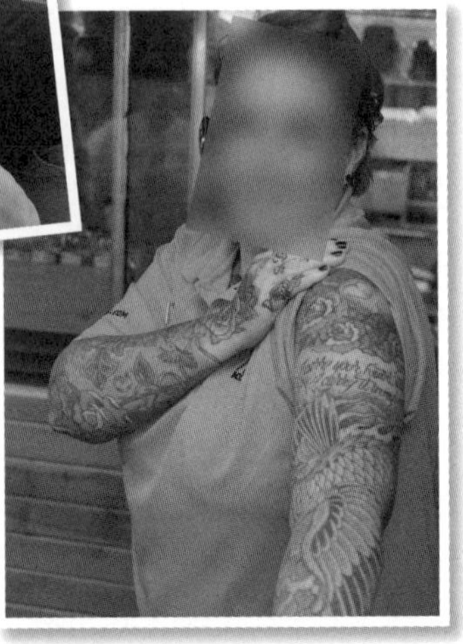

アメリカでは、善良な普通の市民が、このようなボディアートを全身に入れていることが稀ではなくなった

あらゆる市井の一般人まで目に入ってくるようになった。しかも老若男女いずれもだ。どうやらこれは、教育レベルの問題ではなさそうだ。もともと日本の入れ墨は男気を売る輩《やから》の専売だったが、米国の場合はボディアートがその始まりである。それが一気にポピュラーになったのが、ベトナム戦争だったように記憶する。アートであれば、審美性と何らかの主張が感じられてもよさそうだが、ほとんどの人のタトゥーには美しさもないし、かといって主張もあまり感じられない。単にまがまがしいだけである（そう感じるのは、筆者だけなのか？）。

以上のような米国事情を論評すると、アメリカで本当に世界に冠たるものだと言えるのは、残念ながら広大な自然だけのような気がする。我々の冒険行は、その観点で素晴らしかったと言えるのではないだろうか。

次に、アメリカ行でのとっておきのトピックをお話ししよう。アメリカにて、忘れていた料理「水団《すいとん》」を食したことだ。アメリカで水団なんて、誰も脳裏に浮かばないだろうな。

2022年5月23日　今宵の夕食は水団である。これは怪我の功名から生まれた、ディープな日本の家庭料理だ。何が功名かというと、実は食料買い出しの際に小麦粉はポンド単位の大量販売だったことから、小麦粉を必要以上に買ってしまったことに由来する。話は前日にさかのぼり、22日の昼間、サッちゃんが運転しながら小麦粉の使い道について頭を悩ませていた。どうやったら沢山の小麦粉を消費できるのか、という命題で、運転席から皆に問い掛けていた。あーだこーだととりとめのない話が続いたが、運転中のサッちゃんが素っ頓狂な声で、「あれにしよう、あれ。なんて言ったけな。料理の名が出てこない」とのことだったが、一同激しく同意。料理名がなくても話はついた。ただちに小麦粉の大量消費に向けて、衆議一決。翌日の夕食に、日本を思い出しながら、野菜をいっぱい入れた、具沢山の水団を食べることに決まった。

さて、水団とは、今でこそ割烹料理屋さんでも“料理”として見事な味と演出で供してくれるが、筆者は親から聞いていた代用食として、戦争末期にさつま芋の蔓や名も知れぬ葉っぱが沢山入って、出汁も塩っけもない辛い時代の食事に連想が飛ぶ。それはさておき、筆者の子供時代に小麦粉を主食として食べた記憶では、結構お汁粉の記憶が鮮烈だ。お袋とすればさほど遠くない時代の辛い記憶を呼び覚ます水団を作るより、子供たちがみな笑顔になる甘いお汁粉を作ったほうが作り甲斐があったんだろうと想像する。そう、子供の頃に食べた我が家のお汁粉は、沢山の小豆の中に、お餅ではなく小麦粉を練った大振りの

団子然とした小麦粉の塊が鎮座しているもので、ごちそうの範疇に属する食べ物だった。まさしく、甘い食べ物は子供にとって、ごちそうだ。主食とデザートが合体した見事な食品だったと記憶する。

ところで小麦粉食の文化は、当地（アメリカ）の人たちのほうが大先輩だ。ちょっと調べてみたら、ダンプリング（dumpling）に行き着いた。小麦粉の食文化の先達ユーラシア大陸の各地域では、多様な小麦粉食の文化が形成され、発達してきたようだ。いうなればニョッキも、パスタも、餃子も包子も蕎麦がきもつまるところ、粉を練って成形したものは、すべからくダンプリングの範疇に入るようだ。この融《ゆう》通《ずう》無《む》碍《げ》さがたまらない。だから、食文化圏の境界はなくて、どの粉料理も、地球人として口に合うという寸法なんだろう。我々のDNAのどこかには、かつていずれかの地域で、そこの固有なダンプリングで生命を維持してきた経験が瘢痕のように残ったものと思われ、すべての

1号車で食べた忘れじの味。サウスダコタの水団（すいとん）。格別だった

粉料理が口に合うということなんだと推測する。

問題の5月23日の夕食の現場に戻ろう。材料は、ブロッコリー、ジャガイモ、小ニンジン（これは冷凍もの）、生のマッシュルーム、玉ねぎ、セロリも入って具はなかなか豪華である。出汁はいずれもニューヨークの和食材のスーパー・ミツワで調達したもので、和風出汁の素、しょうゆ・麺つゆ少々、砂糖と塩若干で味を調えてある。これに、水と少々の塩で練った小麦粉を豪快に落とし込んで、ひと煮立ちしたらでき上がり。今宵はこれに、豚とざく切りキャベツの生姜炒め、プラスわかめ・セロリとキュウリの酢の物までが副菜として付いた。全くの豪華な夕食となった。

サウスダコタの夜は気温が下がる。寒い夜には、湯気の立ち上る豪華な水団が、これまた非常にマッチした晩餐となった。サウスダコタのRVパークで、モーターホームの中は、此処だけが日本だった。

MILESTONE 16　北米大陸横断冒険行　15〜19日目

15日目（2022年5月24日）

今日の目的地は、ラッシュモア山のアメリカ建国に大きな足跡を残した4人の大統領の岩壁大彫像の見学と、その先に位置する先住民クレージーホースの岩壁大彫塑《ちょうそ》の見学である。クレージーホースのほうは、何十年もの間、現在進行形で彫り続けられている代物だ。ようやく顔の部分ができ上がった状態である。あと何年かかるのか？　なお今日1日の道中が大変だった。山また山、山から谷へ、そしてその逆と狭い道を縦横に走り通した。

4人の元大統領の岩壁大彫像（写真右）偉大なる先住民クレージーホースの像、何十年もかけて現在進行形で工事が進められている

16日目（2022年5月25日）

いよいよイエローストーン（Yellowstone）国立公園に向かう移動日だ。

道中記録-その2　5月26日Cody出発 ～

6月2日　ブライスキャニオン（Bryce Canyon）到達までの行程

道中移動経路

⑪ 5/26　ワイオミング州　イエローストーン国立公園内　マンモス・ホット・スプリングス

⑫ 5/26&27　モンタナ州 グリズリーRVパーク

⑬ 5/28　ワイオミング州　グランドティートン国立公園

⑭ 5/28　同上　ジャクソンタウン

⑮ 5/29　ユタ州　ソルトレークシティ

⑯ 6/2　同上　ザイオン国立公園（周遊は諦めた）

⑰ 〃　〃　ブライスキャニオン国立公園

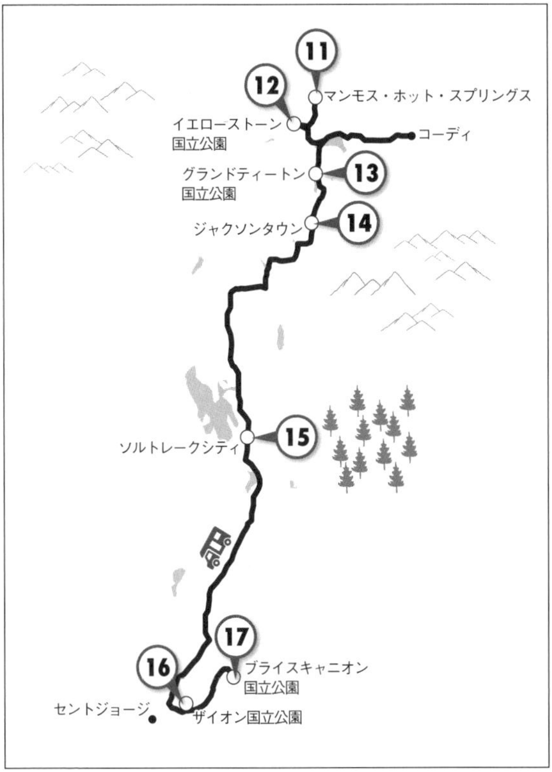

17日目（2022年5月26日）

コーディ（Cody）からイエローストーン（Yellowstone）国立公園内に入る。ここでこの冒険行も大きく転針だ。これまで進行方向の主軸は西進だったが、今日を境に南行、つまり横断から縦断に進路の主軸を変える。Take a course to The South!!!　勇躍イーストエントラ

ンス（East Entrance）にて、国立公園の年間パスを1台あたり80ドルにて購入した。これで、どこの国立公園でも大手を振って入園できると大いに勘違いしていた。

イエローストーン湖（Yellowstone Lake）が未だ全面結氷していたのには驚きだった。また、道路以外には雪が結構残っている。東側から入園したので、先ずはフィッシングブリッジ（Fishing Bridge）にて、散策を開始。初日には、アッパーループを反時計回りに観光しようと目論んでいた。が、タワー・ルーズベルト（Tower Roosevelt）まで行ったものの、これ以北は雪で閉鎖中であった。

このため、反時計回りを断念し、ルートを変更して元の道を引き返しノリス（Norris）に出て、そこから再度北上してマンモス・ホット・スプリングス（Mammoth Hot Springs）まで走破しようと決断した。マンモス・ホット・スプリングスは有名地ゆえにパーキング探しが大変だ。しかも図体のでかいRV2台分を探すのが大変だったが、ビジターセンターの奥に何とか確保できた。ビジターセンターに立ち寄り、その後マンモス・ホット・スプリングスに出向いた。残念なことに、15

未だ全面結氷していたイエローストーン湖

マンモス・ホット・スプリングス（Mammoth Hot Springs）

年前に来た時よりもテラスマウンテンと称される石灰分の棚状の張り出しが、随分とやせ細ってしまっていた。水量か、石灰分の欠乏によるものか？

早々にRVパークに向かおうと現地を後にする。ここでは、エルク、バイソン、グリズリー・ベア等期待した大型獣には、極めて短時間のうちに早々にお目にかかることができた。しかし、悲劇はこの後におきた。インディアンクリーク（Indian Creek）近くの狭い片側1車線の道路を進行中、2号車で「運転席側のバックミラーがぶっ壊れた」との緊急コールがトランシーバーから伝えられた。停車余地がないので、しばらく走行後に停車して、事故の状況を確認した。まさに、バックミラーの支柱（アルミ製）が折損し、中の電気コードによってかろうじてぶら下がっている状況だった。仕方なくコードを切り、外装ごと取り外した。「私も経験済みだが、こんなの事故じゃねー」と語りかける

山の斜面は未だ多くの残雪が輝いていた。イエローストーン国立公園でのワンショット

も、ドライバー氏の落胆は大きく、彼をどのように元気付けるかが課題となった。RVパーク到着後に問い合わせるも、修理はすぐにはできそうもない。また、出張修理屋にコールしても返答がない有様。この両日のミラー騒動の模様は140ページ「2号車、運転席側バックミラー損壊」にて詳述するので、そちらをご参照願う。

イエローストーン国立公園に入域したので、ここで米国における国立公園の存在意義について意見を述べる。

アメリカの国立公園では、自然を守ることに関しては、安直なヒューマニズムは排除され、厳しい自然の掟が活かされている。その一例は、山火事である。山火事が自然に発火したものであって、人の居住地域に近接していなければ、人為的な消火は一切なされない。その結果、広範な樹木の焼失になっても、逆に植生の新陳代謝が促され、病害虫は駆除される。植物の中には、猛火にあぶられないと発芽しない猛者《もさ》の種子もあると聞く。壮大な自然の再生循環の流れに沿うのである。一方、たとえば我が国で「山の熊チャンが餓死しそう」と報道されれば、文字通り山と積まれるほどのドングリが全国から寄せられようが、その機運はその場限りで、人々の記憶は数日で消失されてしまうだろう。しかしこの国では、たとえそのような状況が発生しても、餌を与えて延命することは絶対にしない。人為的な給餌《きゅうじ》をしてしまうと、最早野生ではなくなる、との厳しい哲理に倣っている。従って、大型獣が出現しても射殺しない代わりに、餌は自らの才覚で採食することが彼らの生きる道でもある。

アメリカの国立公園の旅では、いろいろな大型獣との接近遭遇が楽しめる。ここでは、自身の安全を担保してくれる檻もなければ、鉄格

突如現れたブラックベア

30頭ほどのバイソンの群れが、道路脇で戯れていたため、数十分動くことができなかった

悠然と草を食むバイソン

子もなく、ただただ大自然の中では、人も獣も同じ生物同士として、安全を保つべく相対することが求められる。そこで、国立公園ではクマやオオカミなどと出くわしてしまったときには、安全距離として100ヤード (91m)、そのほか鹿など危険性の少ない動物からは25ヤード (23m) 以上距離を保って見物することを規則として指定している。不用意に近づいたり、触れたりしてはいけない。国立公園内では多くの場合、動物との距離を安全に保つためレンジャーの方々が交通整理をされる場合が多い。今回の旅では、1日のうちにバイソン、エルク、ブ

ラックベア、そしてグリズリーにまで遭遇することができた。非常にラッキーな1日だった。

18日目（2022年5月27日）

翌朝、近くに金物屋（DIYの店）があり、午前7時には営業開始とあったので、行ってみた。ミラーの外装を持ち込み「修理したい」と言ったら、たちどころに当店の専門に非ず、と拒否られた。そうじゃなく「補修したいんだ」と食いついたところ、「どうしたいんだ」と、おじさんが興味を示す。「支柱になる鉄パイプを探している」と伝えたら、いそいそと店の中に出向き、頃合いの鉄パイプを探してきた。1/2インチ（13㎜くらい）径の長さ4インチ（10㎝くらい）ほどのパイプで、DIY用に両端がねじが切ってある代物を手にし、いそいそと外装の支柱部分に捻《ね》じ込んでくれた。「もう少し固く捻じ込んでほしい」と伝えたら、ペンチを取り出しておじさんの力で精一杯捻じ込んでくれた。これを見ていて、何とかなりそうだ、と直感した。3.99ドルのDIY、快挙である。RVパークに戻り、ドライバー氏にその旨を伝えた。早速、本来のバックミラーの位置にパイプエンドを捻じ込んでみた。原型に近く復元することができ、バックミラーの機能がおおむね蘇った。それを見たドライバー氏、ようやく口元に笑みが戻った。万歳!!　ついでに金物屋に戻り、バナー貼付の際に糊が車体表面に残り、それに埃や排ガスがこびり付いて汚れたので、グルーリムーバーも探してゲットした。これで、課題が一挙解決だ。これを一石二鳥と言うや否や!!!

昼前に出発し、オールド・フェイスフル・ガイザー（Old Faithful Geyser）に向かった。しかし、2号車のバックミラーは、時速45㍄（時速約70㎞）を超すと首を振り、あらぬ方向に向いてしまい、たびたび

調整が必要だった。

19日目（2022年5月28日）

雨のそぼ降る中、午前7時50分グランドティートン（Grand Teton）国立公園経由ジャクソンの街に向け出発だ。メンバーから希望のあったグランド・プリズマティック・スプリング（Grand Prismatic Spring）に立ち寄ってみた。本来は、緑色に輝く非常にきれいな温泉池である。が、氷雨のせいで蒸気が立ち上ってしまい、視界が晴れずほとんど見られなかった。残念だ。RVに帰着後すぐさまエアコンのヒーターを入れて暖を取った。続くグランドティートン国立公園でも、氷片交じりの氷雨に邪魔されて全く眺望が得られなかった。非常に残念だ。ただし、ジャクソンの街ではにぎやかなお祭りに遭遇し、かつ筆者の求めていた買い物も達成でき、満足・満足だった。なお、2号車のバックミラーは、ラスベガスの営業所で正規品に交換することが決まった。それまで持ち堪えてほしいが、瞬間接着剤事件を引き起こし、あわや外科的切開が必要になるところであった。件のバックミラーの支柱を瞬間接着剤で固定しようとして、ドライバー氏が母指《ぼし》と示指《じし》を軽く接着してしまった。先日買った、グルーリムーバーで何とかはがすことができた。泡を食ったでき事だった。

話は少しさかのぼるが、筆者が初めてイエローストーン国立公園に行ったのは、2007年8月11日～19日の期間で、15年も前のことになる。数少ない家族全員での旅行だった。これまた準備に3年間を要したのが記憶に残る。つまり、旅行について家族に了解させるのにそれだけの時間を要した、ということだ。最初は、妻も娘たちも「親父がまたバカなことを言い出した」との受け止めであった。そこで筆者としては、

家中に「アメリカ家族の絆旅行」の自作のポスターを貼り出し、旅のテーマと何が何でも行くんだ、という気構えを見せつけた。というのも、我が家では、家族旅行というのはほとんどやれてこなかった。その罪滅ぼしとして、子供たちが学校を卒業して羽ばたく前の、自由な時間があるうちに実行しようという腹積もりだった。しかし、残念なことにいざ実行という段になった時には、長女はすでに羽ばたいてしまい、教師として赴任してしまったことから、お盆休みの時期にしか長期の休みは取れないという事態に陥ってしまった。次女はこの時大学4回生でかろうじて羽ばたく直前であり、この年を逃したら永遠に実施できない、という崖っぷちに追い込まれてしまった。

しかも、お盆休みに家族旅行をすることには、何重にも困難さが加重された。最初の驚きは、エアチケットに翻弄されたことだ。筆者としては、過去にニューヨーク往復チケットが5万円強だったことから、せいぜい高くても10万円ほどで購入可能と目論んでいた。しかし、実際にゲットできたエアチケットは、なんと一人25万円もした。思わず旅行代理店に「ビジネスクラスを頼んだ覚えはない」と大喝《だいかつ》したが、担当者は唖然とするばかり。世の習いを知らないのは、筆者のほうだった。高くても売れるときには、驚くほど高額になるのが、飛行機ビジネスの習いだ。そして、ホテル代もしかり、ましてレンタルRVもハイエスト・プライスであり、かくして4人分の総旅行費用は100万円くらいで行けるだろうと高を括っていたが、なんと4人様合計300万円ほどに跳ね上がってしまった。それでも、親父の貫禄を示さなくてはならず、苦虫を噛み潰しながら、半べそで「行くぞ〜」と悲しくなるような気合を自らに入れる羽目になってしまった。

次は、準備のための筆者の真骨頂の話である。米国では、大型バス

相当の大きさを持つRVを運転しなくてはならず、家族との旅ではドライバーは筆者1人だけだ。過去にRVの旅は1～2回しか経験はない。しかも、ドライバーが全く1人というケースは過去になかった。そこで、思案の末に思いついたのは、右と左の交通ルールは異なるものの、要は車の大きさに慣れればよい、と結論して自動車学校に通うことにした。あくまでも大型免許を得ることが目的ではなく、単にでかい車に慣れることであった。そのような不純な動機で自動車学校に入校したため、仲間たちの目を直視しての話ができなかった。実のところ、筆者と同時期に大型車の練習に通っていた連中は、“食うための手段として必須の免許証”を取りに来ている方々ばかりだった。上は60歳がらみの方で、20代の人も何人かおられた。中でも非常に大柄なアンちゃんが目についたが、彼は相撲部屋を卒業したばかりで、これからの生活を始めるのに大型免許証が必要だと、紹介があった。そんな連中に対し、「家族旅行でアメリカに遊びに行くために大型車の運転練習に通っている」とは、とても口にできることではなかった。それ故に、「私もいつリストラされるかわからないので、大型免許が欲しいんだ」と皆にできる限りの忖度をして、柄になく小さな声で心にもないことを伝える羽目に陥ってしまった。にもかからず、講師の先生は驚くなかれ非常にチャーミングな若い女性の先生だったので、先ずは非常な幸運に恵まれはした。

と思う間もなく、天はしっかりと筆者の行状を監視しており、罰が当たったようだ。なんといきなり8トン車の大型練習車を、S字カーブでバックしろという、途方もないことから練習が始まった。が、順調に教習が進み、仮免許を得て路上教習に移り、そしてなんと大型免許を取得することができた。晴れて米国でも、大型免許保持者として運

転が可能になった（RVの運転は、日本の普通車の免許で全く合法である）。

ようやく、話は米国に飛ぶ。家族旅行の巻である。イエローストーン国立公園には、そのゲートシティとしてソルトレイクシティを選んだ。東京からこの地にはロス経由で飛んできた。最初に出くわした一難は、最初のRVパークで宿泊中に発生した。夜中に家族の就寝体温の蓄積によって、火災報知器が突然鳴動した。この金切り音のなかではとても眠ることなどできるはずもなかった。音源をカットする方法を見つけるのに手間取ったが、何とかスイッチを手で押さえることで凌いだ。夜通しスイッチの番人をしてくれたのは、次女だった。

何とか翌朝を迎え、件の国立公園に向かったが、ソルトレークからイエローストーンまではなんと660㎞ほどの距離があり、1人ドライ

オールド・フェイスフル・インの外装。木造建築とは言え、壮大な建物だ

イエローストーンの最大の名所は、オールド・フェイスフル・ガイザーである。その近傍で威容を誇るのが木造建築のオールド・フェイスフル・インだ。その内部の威容、これにあり

バーは結構難儀した。最初は進路前方の眺望は雲一つない上天気だったが、それが乾燥して気温が高いために雲が発生しないという物理現象だということが理解できるまでに半日かかった。その後、イエローストーンに近くなってようやく前方に雲が見え出した時には、肩から大きな荷を下ろしたような心持ちがした。

この旅行にはいくつかのテーマがあり、その一つは大型獣との接近遭遇だった。イエローストーンのゲート近傍《きんぼう》で、大型の部類に入るエルクを見たのが最初で、非常に幸先良く、当然その後には沢山の出会いがあると期待は大きく膨らんだ。しかし、その後は見飽きるほどのバイソンとの遭遇しか経験できなかった。誠に残念。

とはいうものの、この旅で、家族の絆は十分に強い紐帯《ちゅうたい》となったことが確認できた。そして、最後に、ロスの空港で、筆者がフライト時間を間違えたため、予約便に乗ることができなかった。危うく帰国できないかと心配したが、空港職員の機転で、次便に乗れたことは誠にもって僥倖以外の何物でもなかった。

数々の失敗があってこその、思い出深い、楽しい旅だった。

MILESTONE 17　北米大陸横断冒険行　20〜24日目

20日目（2022年5月29日）

昨日来怪しかった右後輪の空気圧が、運転席のモニター表示でなくなっていることに気付く。触ってみたら、タイヤがペコペコでパンク間違いなし。後輪はダブルタイヤであり､1本がまともなら走行できるだろうと、出発を決めた。しかし、少し走ったところでロードサポート（On The Road Support）にレスキューを頼むことにしたが、移動

後の現在地を正確に伝えることが困難なので、再度元のRVパークで待つことを選択。レスキューが来るのに半日以上かかり、今日の走行は夜通しになるだろうと覚悟を決めた。しかし意外にも連絡から1時間後の午前9時30分頃にはメカニックが到着し、さらに驚いたのは、10分足らずでパンクを復旧してくれたことである。メカニックさんは、仕事の終了と同時に「俺の仕事は終わった」とばかりに颯爽と消えていなくなった。まるで映画『シェーン』のエンディングのようだった。パンク修理が終わった頃、綺麗な虹が出た。まだまだツキは我が手にあるようだ。Luck is on our side!!!（ついてるぜ）なお、このパンク騒動については、141ページ「1号車、右後輪・ダブルタイヤの内側タイヤがどうやらパンクかも？」で詳述しているので、そちらを参照願う。

　パンク修理後は順調に進行しソルトレイクシティ（Salt Lake City）に向け走ってきた。しかし、今日の運転が一番疲れた。交通量が倍加し、どの車も鬼のようにスピードを出していて、峠では強烈な氷雨にも祟られた。どうやら大都市近郊の道路ほどスピード狂的な走りになるようである。疲労困憊。

パンクで気落ちしている
我々の心に大きな勇気を
与えてくれたきれいな虹

21日目（2022年5月30日）

ソルトレイクシティは、末日聖徒イエス・キリスト教会（旧称モルモン教）の聖地であり、その総本山がある街だ。総本山を一目見ようと雨に煙る街中をナビに任せて進むが、目指すポイントは見えてこず。そのはずである、現在大改装工事中ですっぽりと工事用ネットで隠されてしまっていた。見たつもりになって、その場を後にした。ニューヨークを出てから、大陸の横断中も、そしてイエローストーン国立公園から縦断に移行した後も、雨もしくは氷雨で寒い日が続いてきた。これまでは、RV車内でのエアコンはヒーター（暖房）がもっぱらであった。しかし、今日からは正真正銘の暑い地域に入域するので、Tシャツ・短パンが普段着になる。厚い冬の衣装は今日でおさらばだ。陽光《ようこう》燦燦《さんさん》と輝くユタ州に入境、湿気がなく、強烈な太陽の光に満ち、これまでと別世界で、いきなり真夏に放り込まれた感じだ。熱い。エアコンの設定をヒーターからクーラーに変えた。

今日はモアブ（Moab）の街を散策した。RVパークの住所と、その入り口の看板が異なる。どうすりゃいいのか？　結局、Sun Outdoors

予約しているRVパークとは名称が異なる。でもナビでは、この地に違いない

という会社が関与するCanyonlands RV Resort & Campgroundだということが判明。看板は、Sun Outdoorsとしか表示されていなかったのだ。これがアメリカだ、やれやれ。

22日目（2022年5月31日）

この日は皆張り切ってアーチーズ（Arches）国立公園に行こうと相成った。サポートチームからも「アーチーズに行かずしてどうする」とプレッシャーをかけられていた。このため午前7時過ぎにはアクセス道路のゲートに並んだのだ。しかし、門前払いになってしまった。前日のモアブの街散策時に、ビジターセンターで「チケットを買え」と、くどく説明されていた。その方法は、単に入場券を買うのではなく、インターネットで国立公園管理局のサイトにアクセスして、権利を買えというものであった。しかし、英語力の乏しさは破滅的であり、「国立公園入園パス」のこととばかり思い込んでいた。これが失敗であった。門前払いとはあまりにも、という思いはあったが、第2候補のキャニオンランズ国立公園（Canyonlands NP）に向かうことにした。モアブからのルート191から分岐して土煙の立つルート313に分け入って、山道を登ってゆく。分岐したところで待つことしばし。2号車がずいぶん遅れているようだ。そこで、車間を詰めるようトランシーバーで連絡した。いろいろあるものだ。

これが、ドライバー氏の怒りに火を点けてしまったようだ。以後しばらくはあおられ、両車の間隔は極めて接近状態となり、2号車の諸君を不安に陥《おとしい》れてしまったようだった。このツアーで最大の人間関係の悪化である。何とかしないといけないが、トランシーバーで呼びかけてはさらに事態を悪化させる可能性が危惧された。折よくキャニオン

ランドのビジターセンターに行き着いたので、そこに駐車し、ドライバー氏と話をした。彼としては、アーチーズに行くことを熱望していたことが判明したので、筆者の想像力の欠如と至らぬ点を謝罪し、彼の怒りのタネを放出させた。結果、何とか平常運転（Calm Driving）につなげることができた。やれやれである。

キャニオンランド国立公園そのものは、グランドキャニオン（Grand Canyon）もかくやと思わせるほどの絶景ポイントであり、ここも悪くはないな、というのが感想だ。Grand View Point、Mesa Archなどの絶景ポイントを堪能して、帰路に就く。悪いことは重なるもので、313号線をかなりモアブ方向に降りてきた道すがら、明日にも行くことになっているモニュメントバレーにそっくりな巨岩が織りなす景観を見つけたので、記念撮影を目論みシーニックポイントに停車しようと本道から分け入った。そこで、今度はスタック事故が身に降りかかったのだ。折しも、この駐車ポイントはナバホロックス（Navajo Rocks）という場所であった。モニュメントバレーはまさしくナバホ(Navajo)族の居留地内にある名所だ。スタック事故の模様は、142ページ「スタック事故」で詳述するので、ご参照願う。ともあれ、米国人の無償の互助精神に助けられた。感謝である。いろいろあった一日だが、陽のあるうちにRVパークに帰り着くことができた。

さて、砂塵まく米国南西部の景観を前に、筆者の古いあこがれの話をしたい。筆者はどうして1800年代のアメリカに生まれなかったのか、嘆きに似た想いに耽るときがある。馬の背に揺られ、粋にテンガロンハットをかぶり、首には派手なバンダナ、腰にガンベルト、ブーツには銀のスパー（拍車）を煌めかせて、紅灯輝くサルーンのドアを押し開く……。まさに荒唐無稽な白昼夢である。でも、一途にあこがれる

キャニオンランドで行きあった
今どきのカウボーイたち。かな
りのどかな牛追い風景だ

キャニオンランド国立公園
グランドビューポイント展望台
からの眺望

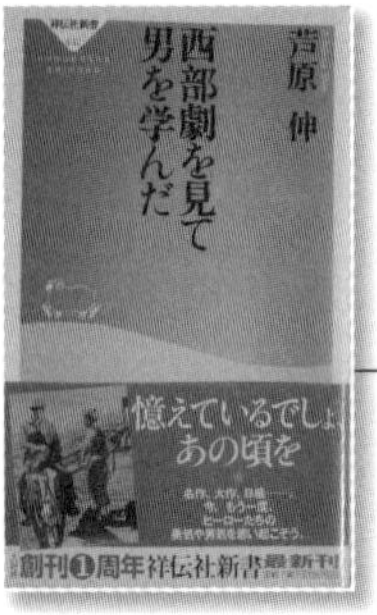

題名の通りの我が人生の教科書
祥伝社新書 芦原 伸著
『西部劇を見て男を学んだ』

んだよな。

　はてさて、現実に身を戻そう。筆者の少年時代には、街の映画館でも、黎明期から実用期に入ったテレビ放送でも、かなり多くの西部劇が上映あるいは放映されており、少年の心を鷲づかみにして、砂塵舞い上がる西部の荒野に連れていかれたものだ。そんな頃の私が馬の近くにいたい、また乗りこなしてみたいと思った深層には、この当時の数多くの西部劇のシーンが刷り込まれていたに違いない。ガンファイト、退いてはならない男気、漲《みなぎ》るバイオレンス、酒場の猥雑さ、男と

女の軽妙なトーク、そして遮るものとてない雄大な景観、どれもこれも憧憬の対象としては文句なしだ。もう一つ、忘れてならない絶対的価値観は、そう「男のダンディズム」だ。

もしかしたら今の世では死語かもしれない。逆にジェンダー思想からは拒絶されるかもしれない生き様のようにも感ずるが、かつては男には“男くささ”が求められた。何モノにも屈しないタフネス、多言を弄することのない意志力、そしてほのかに醸す男の優しさ、などなど思うだに物凄くセクシーだ。そうありたいと常に念じてきた男くささ、イコール男のダンディズムは、幾多のウエスタン・ムービーによって教えられるところ大であった。

筆者の手元には、祥伝社刊の新書（2006年3月初版）がある。芦原伸著『西部劇を見て男を学んだ』は、まさに、著者が筆者と同じ思いを持っていたものか、そこはわからない。でも、書店の棚にあった同書は、筆者に燦然と輝くオーラを放ってきたのであった。

23日目（2022年6月1日）

暦が5月から6月に替わった。あと2週間ほどでこの旅も大団円を迎える。果たして無事にその日を迎えられるか？　さて、この日は、モニュメントバレー（Monument Valley）とアンテロープキャニオン（Antelope Canyon）を経由して、パウエル湖（Lake Powell 水利目的の人造湖）のたもとのRVパークに向かう。450km余のそこそこの長距離運転となる。ただし、アンテロープキャニオンには、ツアーの関係で午後3時までに到着し、現地でチェックインを済まさなくてはならない。ナバホ族が自治する居留地（Navajo Reservation）においては、入境に際してマスクの着用が絶対条件だった。入境時のポスターには

Wear a maskと表示されている。 中学で習った英語の文法によれば、「マスクを着用せよ」となる。同時にビジターセンターの入り口に貼付された注意書（Notice）には、末尾にThank You for Keeping our Community Safe（感謝、我々の共同体を安全に保つことができました）の由。なお、ナバホ族の居留地は非常に広大で、何時間もかけて移動して行き着いたアンテロープキャニオンでも同様にマスク必着の指示が出ていた。なお、モニュメントバレーの景観や雄大さについて

は、155ページ「モニュメントバレー」にて詳述しているので、ご参照願う。

アンテロープキャニオンは、接続道路を挟みアッパーとローアーに分かれるが我々はローアーを探訪した。ローアーの方がスケールが大きく景観はこちらの方がよい。当地には3時間近くを要して暑くて無人の荒野を移動した。午後2時前に到着したが、チェックイン・タイムの3時まで待ての指示あり。炎天下を避けて、クーラーを効かせたRVの中で昼食を取りながら待った。そのうえ、ツアーには手ぶらで参加せよとの指示も出された。女性のハンドバッグは透明で中が見える入れ物ならばOK、カメラ・ビデオ程度しか持参できない由。制約条件がきつい。しかし、列に並んだ人々の手には、規定外の手荷物が結構見られた。なお、ここの入園には事前にオンライン予約が必須であり、1人90ドルの料金（2022年5月現在、ナバホ自治領の税金等を含む）を払って入場しているが、景観は何年か前に行ったバーミリオンクリフ国定公園（Vermilion Cliff National Monument）内のバックスキン・ガルチ（Buckskin Gulch）とは地下と地上との相違はあるものの景観自体はあまり変わるところなく、しかもそっちは無料で、かつ行動はフリーだった。なお、筆者はこの地の地底において何度目かの垂直梯子を登った時に、ジーンズのポケットに入れたカメラが、足を上げた拍子に脱落し、2〜3メートル落下して砂の上で口が開き、カメラの中に砂が入り込んでしまった。修理に出さないといけない羽目に陥ったが、実際には旅行傷害保険で補償を受けることができた。

結局、パウエル湖のRVパークには、午後5時5分過ぎくらいに到着した。結構設備の良さそうなところであるが、ビジネスアワーを5分超過したばかりに受付ができなくなってしまった。無情にもサイト番号が

事務室のドアに無言で張り出されているだけだった。

24日目（2022年6月2日）

今日はザイオン（Zion）国立公園経由ブライスキャニオン（Bryce Canyon）国立公園に向かうコースである。その前に、筆者自身が勘違いをしていたことが判明した。コロラド渓谷の一部であるホースシューベンド（Horseshoe Bend）が、今の宿泊地から10マイルそこそこで行けることが、朝のナビ設定で判明。早速、今日最初の訪問地に加えた。砂漠地にいきなりベンド地形の看板が表示されていた。駐車場所から15分くらい徒歩で行き展望台に到着、皆驚愕す。そして、この展望台以外には、防御柵が設置されていない。情報によれば、グランドキャニオン（ホースシューベンドも含む）の界隈では、年平均12件の墜落事故（自死も含む）が発生している由。にもかかわらず、展望台以外にはどこにも防御柵は設置されていない。

ホースシューベンド(Horseshoe Bend)
300mの眼下にコロラド川の悠然とした流れが見える

眼下に遮るものなく980mの眺望が広がる、ヨセミテ国立公園グレーシャーポイント!!
筆者お気に入りの超絶大絶景である

その後、ザイオン国立公園に向かう。しかし、女性陣に体調不良者散見。「体調悪く、どこにも寄りたくない」の言を聞き、少し大事かと心配した。ザイオンの展望駐車場に着いたところだが、駐車スペースもないことからザイオンは諦め、今日の最終目的地に向かう。RV用の専用駐車スペースにRV以外の乗用車やピックアップトラックを停めていて、肝心のRVが停められない。腹が立つもクレームを言うところがなかった。実は、2号車では昨夜、すき焼き風晩餐をした由。生卵を食したそうである。もしかしてサルモネラ菌による食中毒かと悪い予感がしたが、それが原因の体調悪化ではなかった。手持ちの薬を飲んで解決したようだ。やれやれだ!!

米国の国立公園では、おしなべて超絶・大絶景に出くわし、その極めて素晴らしい景観に嘆息を漏らすこと必至だ。その見事な景観は、いずれの国立公園においても目が眩むほどの高低差のある大景観を伴っ

ていることが多い。だが、命の危険を回避する設備に守られている景勝地は極めて少なく、あるいは展望台等に保護柵の設置はあっても、そのカバーする範囲が極めて限定的なのが特徴のように感ずる。筆者の経験では、グランドキャニオンのマザーポイントに至る道筋には、カバーする範囲も強度もともにおおむね十分な保護柵が設置されていた。しかし、つまるところ展望台のあるマザーポイント界隈だけの一部設置であり、墜落事故を防止するために広範な断崖に、必要十分と思えるほどの防御柵は設置されていなかった。また、ヨセミテ国立公園内のグレーシャーポイントは、その山頂からヨセミテビレッジまでの標高差は980mほどあり、360度の超絶大絶景が望まれるビューポイントだ。かつての氷河期に花崗岩が浸食されてできた、遮るものなく980mの直下が素通しで見通せるまさに絶景ポイントである。何度行っても、また来ようと思える大眺望だ。しかし、ここでも保護柵の設置は極めて限定的であり、眺望と人の安全との衡量《こうりょう》では、眺望を優先しているように思えてならない。どうやら、それがこの地の合理的判断のようだ。

キャニオンランド国立公園『立ち入るな』との警告はない。すべて自己責任だ。千尋の谷を前にしてここもフリーアクセスである

さて、件のホースシューベンドであるが、砂漠地にいきなりベンド地形の大看板が設置されていた。

展望台からコロラド川までは、直下におよそ300mほどの素通しの眺望である。皆驚愕す。グランドキャニオン（ホースシューベンドも含む）界隈では、毎年墜落事故を経験している由だが、展望台に限定した以外には防御柵は設置されていなかった。

これまでの超絶大絶景の地を総括すると、この姿こそが、この国の自己の行動と責任の関係をよく表しているようだ。行動は自由、その結果の墜落死も自由、すべて自分自身の責任で行動することが生き様として求められ、かつ個人の行動哲学として徹底している。そういえば、パウエル湖では、次の看板を見た。簡単に訳すと「泳いでもかまわない、自己責任で」との注意書きが貼られていた。そう、まさにこの国では自己責任（Own Responsibility）こそがすべてを律するキーワードだと理解した。どこかの国と違い、悪いのは柵を設置しない管理者だとは言わないようだ。

道中記録-その3　6月3日 Bryce Canyon出発 ～

6月6日 モノ湖（Mono Lake）経由ヨセミテ（Yosemite）国立公園へ

道中移動経路

⑱ 6/3　ユタ州　カナブの町（休憩地）　かつてはThe Waveへの抽選会場
⑲ 〃　アリゾナ州　モニュメントバレー（ナバホ族居留地）
⑳ 〃　〃　ハイウェイ分岐点（ナバホ族居留地内）
㉑ 6/4　〃　グランドキャニオン　超絶大絶景の迫力に言葉を失くす

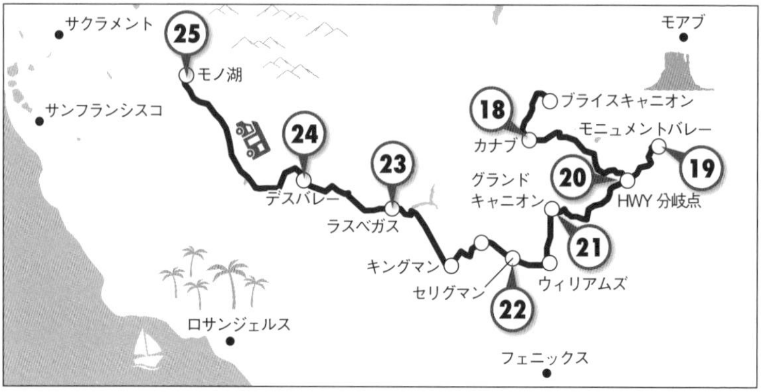

㉒ 〃　〃　ルート66　セリグマン　～　キングマンまでの90㍄を走破途中ハックベリーのGeneral Storeにて休憩する

㉓ 〃　ネバダ州　ラスベガスにて、ギャンブルならず、肉を喰らう

㉔ 6/5　カリフォルニア州　デスバレーにて熱く身を焼かれる思いを体験す

㉕ 6/6　〃　モノ湖に到着（海抜3,000mの高原）

MILESTONE 18　北米大陸横断冒険行　25～29日目

25日目（2022年6月3日）

昨日の積み残しで課題だった、ブライスキャニオンの景観を全く見ずして通過するのはもったいないと感じていたところ、メンバーによればRVパーク近傍にビューポイントがあるとのことである。早速、フェアリーランドビューポイント（Fairyland View Point）に出向いた。ブライスキャニオンを裏側から覗いた感じではあったが、正真正

銘の景観が見られた。満足。一応、ブライスキャニオンとはどんな奇岩の景観かということを共有することができた。なお、昨日来体調不良だった女性陣は、皆おおむね回復す。顔色が戻り、しゃべりの迫力が蘇ったようだ。

次の目的地グランドキャニオン（Grand Canyon）に向けて進行するも、ナバホ居留地の外れに近いと思われるが、キャメロン（Cameron）の街を過ぎた頃から、次第に道路が悪化し、険しい波状路（Wave Road）の様相を呈してきた。制限速度は時速65マイル（おおむね時速100km超）なるも、そんな高速ではとても走行できないほどの上下動を誘発するすこぶる付きの悪路だ。道路自体は、そんなに古い感じではない。どうやら、炎熱によって道路が変形をしたとは言い難い何かがあるような感じがする。邪推であろうか？　その後、グランドキャニオンの超絶大絶景を皆で堪能した。

先に述べた居留地内の波状路の続きであるが、我々がツアー中に通過して実際を見た米国の国土は、ハイウェイが大半で、実際に人が住むところを通過したのは11,300kmのうちのごくわずかな部分と言えよ

フェアリーランドビューポイントから見たブライスキャニオンの景観
奇岩が織りなす大眺望

モニュメントバレーの巨岩を遠望して、インディアン・ドールが躍る

う。それでも、少なからずインプレッション（Impression；印象・感動・感想）を受けたことはまちがいない。

黒人の街区では、何か沈鬱な感じを受け、近寄りがたい雰囲気を味わい、全身から早く立ち去れとアラームが鳴り響いてくる。現実に黒人街区では、いずれの街も程度の差こそあれ荒《すさ》んだ空気が支配していた。また、モニュメントバレーに代表されるナバホ族の居留地では、その居留地内を走る幹線道路は極端な波状路（Wave Road）だった。制限速度・時速65マイルだったが、とてもそんな高速では走れなかった。しかも、道路完成後それほど時間の経過が感じられなかったので、経年劣化でもなさそうだった。暑熱が原因と理由を付ければ合理化できそうだが、その波状路に接続されたグランドキャニオンへの観光道路は、極めて平穏かつ平坦な道路が敷設されていた。これらの状況を「差別」と一括りにしてよいかどうかは、全く門外漢であるがゆえにわからない。しかし、旅行者の目線で敢えて単純な印象を基に結論を導くことをお許し願えれば、何か恣意的な、大きな意志が働いているような気がしてならない。現実を知るためにはいろいろなことを知る必要があ

グランドキャニオンの眺絶大絶景

ろうが、さりとて黒人の人々がどれほどの税金を負担し、米国民としての責務をどの程度担っているかは知る由もない。また、西部開拓史以前からの白人と先住民との確執もほとんど知らない。

むしろ映画によって、間違った先入観しか学習していないといっても過言ではない。まして、多くの居留地では、建前上自治権が与えられていることから、その自治権を侵害しない範囲でしか公的扶助ができないということもおぼろげにしか理解できていない。そんな不勉強な輩ではあるが、一言申し述べずにはいられない問題のように感じた。

26日目（2022年6月4日）

今日はなかなか忙しい。

グランドキャニオンの日の出を見て、この大地を自身の足で踏みしめ、そして次にルート66の旧道を走り、さらに午後3時30分までにラスベガスの営業所に立ち寄り、2号車のバックミラーを正規品に交換しなくてはならない。ついでに、1号車のエンジンオイルもチェックが必要である。

そこで、日の出前午前4時少し過ぎにRVパークを出発した。まだ真っ暗だ。そして、グランドキャニオンのマザーポイント前の駐車場にRVを乗り入れた。直ちにシャトルバスの停留所へ出向き、トレールヘッドに行くバスを待った。なんとシャトルバスは朝4時頃から運行している。何もせずにジッとして待っていると結構寒さが募る。我々は薄いダウンジャケットを着たり、それなりの防寒対策をしてきたが、同じバスを待つ米国人（いわゆる外国人たち）は半そで短パンの装束でいる人が多い。肉食・油食の人たちは基礎体温が高そうだ、と感心する。ようやくバスに乗る。今から向かうサウスカイバブ・トレイルヘッド（South Kaibab Trailhead）からコロラド川に向けて下る人たちが圧倒的に多い。皆、意気軒昂だ。我々は、各人の脚力に見合うところまでトレイルを下り、無理しないで引き返し、登って帰ることを申し合わせた。筆者は、トランク重量の制約からトレッキングシューズを持参しなかったので、歩きにくいことおびただしい。スニーカーでは、危険でさえあった。目標は0.9マイル先のオーアーポイント（Ooh Aah Point）を目指した。それなりの距離を下ってきたので、バシッとしたトレイル装束に身を固めた同好の志に尋ねたところ「Half way」との返事あり。無理をしない約束なので、そこから引き返した。でも、自分の脚で渓谷を踏みしめた実感を持つことができ、満足だった。

皆が参集して、朝食のおにぎりをほおばり、グランドキャニオンを後にした。この後セリグマン（Seligman）に出た。ルート66の絶頂期に栄えた町である。時間がなければ、再度ハイウェイに乗って行くつもりだったが、今朝の皆の協力で時間に余裕が出そうだ。このままルート66の旧道を走るとおよそ30マイルほどを余分に走ることになろうが、午後3時30分までのラスベガス到着には間に合いそうだ。このまま旧道を

走ることを決断。行き交う車はほとんどなく、貸し切り状態のルート66を心行くまで堪能した。途中ハックベリー（Hackberry）に当時の何でも屋（General Store）が余命を保っているので、休憩方々その猥雑な店内・外のたたずまいを楽しんだ。キングマン（Kingman）の街に到着した。ここで、いにしえのバーガーショップMr. D'z Route 66 Dinerというルート66の記念碑的な食堂に立ち寄ろうとナビを必死でセットしたが、言うことを聞いてくれず諦めた。この店に立ち寄ることができれば、満点だったが……残念だ!!!　というわけでキングマンに一つだけ心残りを残したが、ここからラスベガスめがけて93号線を一路北上した。しかし、ラスベガスの手前十数kmくらいの地点まで、高速道路が非常に悪路になっていた。道路に大きな穴が開いていたり、舗装がはがれていたりと、結構剣呑な道のりであった。おまけに渋滞もあり、営業所に着いたのは、楽勝のはずだったが午後1時55分ごろになってしまった。ともあれ約束の時間には間に合った。ここで、2号車のバックミラーの交換と1号車のエンジンオイルの交換をやってもらった。今日は、全米で最も華やかなRVパークに泊まることにする。しかし、車の補修にどれだけの時間がかかるか不明だったので、予約はしていない。だが、1泊・2台分のスペースは容易に確保できた。このRVパークでは場所柄、価格が億を超すようなきらびやかなRVがいっぱい駐まっており、豪華なRVの展覧会場のような雰囲気である。この夜は、先ずはおいしいステーキを食べようと、近場のステーキハウスに皆で出向いた。メンバー全員、悪鬼のごとき形相で大きな肉塊に齧り付いた。1ポンドのTボーンステーキに喰らいついた輩もいた。70歳にもかかわらず!!　その後、お店で努力してくれ、タクシーの手配をしてくれた。RVパークとギャンブル通りの二手に分かれた。

3日ほど前に戻って、この地の渇水問題の検証である。6月2日早朝、RVパークの宿泊地から30分ほどをかけ、徒歩でワーウィープ・ベイ（フーバーダムの前置貯水湖・人造湖）の水際までやってきた。渇水問題に興味があったので、わざわざ渇水状況の確認に来てみた。まさに、水が足りていない苛烈な状況を見せつけられた。満水時には、おそらく水際から目測で20mほどの高さまで水を貯められるのだろう。それは、本来の満水時の水際までは植物が生えておらず、禿げた土手の景色が連なっていることから目星をつけた。広漠とした茶色の砂地が、干上がった貯水湖の惨状を見せつけているようだ。

コロラド川をラスベガス近郊までたどると、フーバーダムが構築され、その上流側に人造湖ミード湖を経てキャニオンダムが鎮座し、キャニオンダムを構成する人造湖としてこのワーウィープ・ベイ、そしてパウエル湖が広大な砂漠のオアシス然とした大景観をもたらしている。フーバーダムのミード湖を含めこれらの人造湖で、ネバダ、アリゾナそしてカリフォルニアにも電力と水を供給している重要な命の水の供給源だ。2019年連邦政府開拓局は、これらの地域への供給水量の削減を宣言した。また、さらに当局の発表によれば、下流側のミード湖では、満水時の35％ほどの保水量しかない由である。

今後もにわかには渇水状態は改善される見通しはなさそうで、この地域の水問題は今後生存に向けた大きな懸案になりそうな気がする。6月2日朝一番にLINEに投稿した情報を転載する。（右ページ参照）

馬の姿が見えたので、少し馬自慢がしてみたい。オーストラリアで馬上快走し、心底満足した話。今から20年ほど前になるだろうか。友人が経営する会社の社員旅行に招待され、オーストラリアのケアンズ

干上がっている人造湖ワー
ウィープ・ベイ

おはようございます☀

私（筆者）のトピックです。レイクパウエル RV パークに停泊中ですが、ここの悩みは、すこぶる付きの渇水状態にあることです。今朝起き抜けに、水際まで 30 分かけて歩いて行ってみました。私の目測で満水時と比べ、20m 以上水位が下がっていることが見て取れました。

このため、ラスベガスを含む周辺自治体は、この渇水対策にひどく頭を悩ませているそうです。正しく命の水です。現地レポートでした！！

に行ったことがある。この道中、是非ともやりたかったのは、南十字星輝く国オーストラリアで、思うさま馬の背に揺られて広大な大地を駆け巡ることだった。そこで、一計を案じ1日のみ別行動をお願いし、1泊2日の単独行をした。筆者はこの時点で数年の乗馬経験があり、一応乗りこなすことはできた。

まだｅメールがない時代だったので、現地とは郵便でやり取りをして予約を取り、ハイランドの牧場に出向いた。その日は、ガイドと筆者のほかに、日本の大学生3人が体験乗馬をしに来牧していた。この3人、度胸の良いことに英語も通じなければ、馬装も全くできなかった。何の因果か知らないが、義を見てせざるは勇無きなり、の喩《たと》えに倣い、すべて筆者が面倒を見てやらなくてはならなかった。馬は群棲《ぐんせい》動物ゆえに、筆者の乗り馬が駆け出すと学生たちの馬も必然走り出してしま

うので、ここはぐっと我慢だった。全コース完全な並足（歩き歩行）だった。従って、この乗馬行は全く最低で、「金返せ」とでも言いたくなるような始末だった。

そんな不満を抱えていた翌朝、まだベッドでぬくぬくとしていたときにオーナーがやってきて、「昨日は満足したか？」と問うので、“Absolutely, No!”と答えた。すると「馬が1頭いなくなったので、谷のほうまで探しに行く。一緒に来るか？」と問われた。素早く“Sure!”と返事をし、そそくさとベッドから起き出し、身支度をして、大急ぎで馬装をする。オーナーとガイドの女性と筆者の3人で朝まだきオーストラリアの大地を疾駆した。このときばかりは行きも帰りも本当の意味で疾駆した。馬の脚も折れよとばかりに、ギャロップ（襲歩）を思いっきり堪能した。昔日のテレビで見た「ハイヨー、シルバー！　私は正義の味方ローン・レンジャーだ」あの名調子が頭の中で駆け巡る。おまけにタイトルバックのロッシーニの名調子ウィリアム・テル序曲まで聴こえてくるではないか。生まれて初めての超スピードの爽快感を馬上で味わうことができた。落ちるように谷をめがけ、そして迷子の馬を発見し、また弾丸のようなスピードで谷を駆け上った。オーナーがニコッとしながら「満足したか？」と問うので、このときは即座に“Yes, Absolutely!”と笑顔で答えた。

ところで馬の話になったので、チョットだけ脱線する。世に「欧米」という言葉があり、その意味は「同体化した西洋の国々」といった意味で一体化して用いるが、馬の乗り方、扱い方は欧と米では全く異なる。これは我が体験による実感である。うまく表現できないが、欧（ヨーロピアンスタイル）の乗り方は、腰を張り、脚の扶助によって、前・後進、回転、速度制御等そのすべてを行う。手綱はほとんど補助的

グランドキャニオン、サウスカイバブトレイル・ヘッドの馬房にいた馬？ではなく、やさしい顔つきからしてラバ(mule？)かもしれない。コロラド川のロッジへの荷物の運搬に従事する荷役馬のようだ

颯爽と乗りこなす筆者、この時にはウエスタン乗馬でバッチリきめた

である。筆者は元来この流儀である。ところが、米国（ウエスタン）乗馬では、スクーターに乗るのと同じである。腹をポンと蹴れば前に出るし、手綱で曲がりたい方向の反対の首筋を圧迫し、馬首を曲がるべき方向に向ければ曲がってくれる。オーストラリアの馬はヨーロピアンスタイルの調教がされていたのか不明だが、筆者が乗るのに違和感は全く感じなかった。一方、米国アリゾナの山中で乗馬をしたが、はじめ筆者の扶助（指示）を馬が全く受け付けなかった。脚で精一杯腹部を圧迫しても馬はイヤイヤをするように空足を踏み、戸惑ってばかりいる。前にも後ろにも動こうとしない。腹立ちまぎれにポンと腹を蹴ったら、サッと前進し、左手で持った手綱を少し首筋に当ててやると素直に曲がってくれた。方向転換も全く簡単である。これなら誰にでもできる。ヨーロピアンスタイルでは、馬が感知できるほどに両脚で馬腹《ばふく》を

圧迫する筋力をつけなくてはならず、これには年単位の修練が必要だが、ウエスタンでは乗れば直ぐ用を足せるのである。実用乗馬そのものだ。ただし、如何にウエスタン乗馬といえども奥が深いので、意のままに馬を扱うには相応の訓練が必要だ。単に「欧米」といっても、そこには文化の大きな違いがあることを馬の背で発見したので一言付け加えておく。

27日目（2022年6月5日）

今日は、ラスベガスからデスバレー（Deathvalley：もの凄く奇怪な地名だ、死の谷とは）まで行く。デスバレーとは、灼熱地獄のようなところと聞くが果たしてどうだろうか。

いつもより少しゆっくりして8時半にOasis RV Parkを出発した。メンバーの提案で、昨夜ゆっくり見られなかったラスベガスのラスベガスたる所以の地を、朝の光の中でしっかり見ようと相成った。Las Vegas Blvd（ブールバード；大通り）またの名をThe Stripと呼ぶようである（誰ですか、文字を見て口元がゆるむのは？）。

ここでは単に大通りを略してそのように呼んでいる。夜の喧騒が終わったばかりのほんの幕間のような時間に、このストリップに沿って

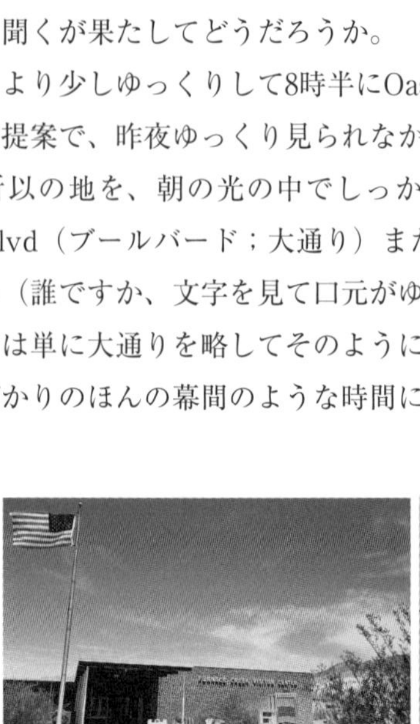

デスバレー、ファーネスクリークのビジターセンター
6/5　正午前でも気温は41℃と表示されていた。
正真正銘の灼熱地獄だ

RVで流した。しかし、紅灯輝く時間に来ないと、単なる荒唐無稽なビル群にしか見えず、どうにもピンとこない!!!　30分ほどで切り上げた。今日は日曜日で、道路が空いている。まずいことに始めから睡魔が忍び寄ってきそうだ。

昼前にファーネスクリーク（Furnace Creek）ビジターセンターに到着した。

デスバレーと言い、ファーネス（火炉）クリークと言い、いずれも凄い名称だが、それ以上に炎熱地獄だ。外気温はこの時間ですでに41℃と表示されている。早くも発電機を回して居住区のエアコンを起動している。非常に珍しい設備として、ビジターセンターの外来者の乗用車駐車スペースには屋根が設備されており、停車中の直射日光を遮る

ザブリスキーポイントの山並み

「死の谷」の女神

夕闇迫る頃、1台また1台とRVが集まり始め、キャンプサイトらしくなってきた。この見える範囲はすべて、フルフックアップ・サイトである

ように優しい設備となっている。RVは日除けの下に潜り込むのは無理だ。なお、レンタル契約上の制約で7月～8月の期間は、ここデスバレーには入域してはいけないことになっている。ただし、今は6月初旬ゆえに来てみた。早速メンバーから、「こんなところは早々に退散しよう」と申し出があった。しかし、ここでサバイバルを経験するのも悪くないはず、と一蹴して夜をこの地で過ごすことにした。

そんな風に始まった当地の超絶空間でのサバイバルの一夜であるが、その前にバッドウォーター（Badwater 海抜マイナス86m地点のかつての塩湖跡）とザブリスキーポイント（Zabriskie Point 特殊なバクテリアによって、山並に太陽光が当たると金色に輝く）を経めぐってきた。一口で隣接の名所とは言うがビジターセンターからバッドウォーターまでは17マイル（28km）もあり、灼熱地獄の中を30分ほども移動するのはそれなりに難行《なんぎょう》だった。しかし、景観そのものは実に雄大で、干上がった塩湖の塩の結晶は苦・辛かった。

今宵のRVパークは、ビジターセンターから1kmほど東にあり、ガラガラだったが、フルフックアップ・サイトが得られた。1泊・1台あたりの料金は30ドルだった。夕暮れ時には、そこそこRVが集まって停車してきた。お隣さんは、大学時代からこちらに住み、スポーツビジネスをされている40代の方だったが、一家を挙げて日本に永住帰国する際のメモリアルジャーニーの由。

あー、一日暑かった。そういえば、トイレの洗面所の蛇口からほどよい熱さの水が出たので、それをタオルに湿して体を拭いた、水道水の温水化現象だ。それすら思い出のネタである。何とか熱中症に罹らず一夜のサバイバルができた。

道中記録-その4　6月6日 モノ湖（Mono Lake）出発 〜

6月10日　アナハイム（Anaheim）到着　祝完走ヽ(^o^)ノ

道中移動経路（以下の経路はすべてカリフォルニア州内である）

㉖ 6/6　ヨセミテ国立公園　残念ながら門前払いとなった

㉗ 6/7　ジェームズ・タウン、コロンビアのいにしえの街を探訪　レールタウン1897並びにコロンビア州立歴史公園を散策　ゴールドラッシュを経験した地で、当時の空気感に浸った

㉘ 6/8　サンフランシスコにてアルカトラズ島を見学

㉙ 6/9　モンテレーとカーメルベイの素晴らしい街並みを散策

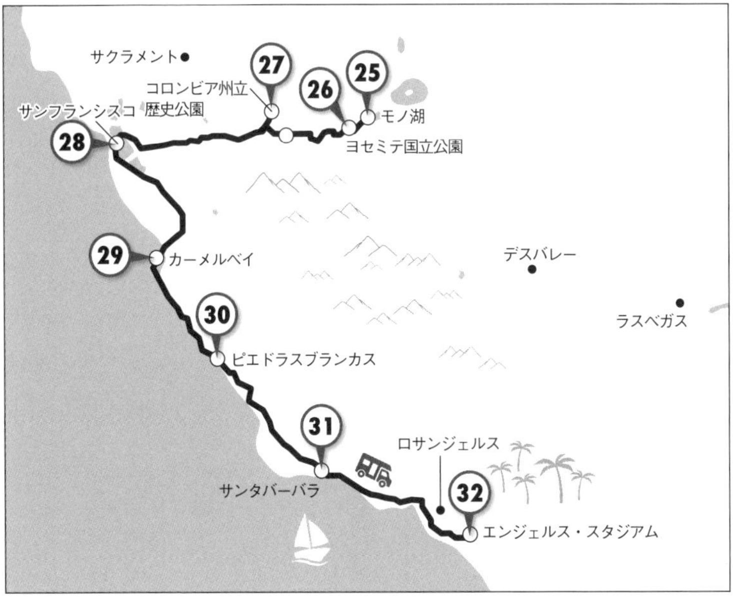

㉚　〃　ピエドラスブランカス；ゾウアザラシの群棲地で休憩・海生動物を堪能
㉛ 6/10　ソルバング及びサンタバーバラの街を散策
㉜　〃　祝完走　ロス・アナハイムに到着　Winning　Runの万感の思いに浸る翌12日　エンジェルス・スタジアムで大谷選手を応援の予定だったが、彼は休養日と相成った　6/13　ＲＶ返却

28日目（2022年6月6日）

今日は、ヨセミテ（Yosemite）国立公園への移動日である。デスバレーからルート195経由、ルート395でモノ湖まで行き、そこからルート120に分岐してヨセミテ国立公園の圏内に入域する予定だ。

ルート195の圏内ではまだまだ熱く、そして剣呑な山そして谷と息つく暇もない道が続いた。ルート395に入ったら普通のハイウェイになり、あまり混雑もしておらず運転しやすい道路状況となった。モノ湖では、ビジターセンターに立ち寄ろうとしたが、コロナ禍の後遺症が続いており閉鎖されていた。モノ湖は山中にもかかわらず塩湖であり、遠い昔海底が隆起したことを示しているが、旅人はほとんどおらず寂しげに湖面に塩水をたたえていた。ここからルート120に分岐してヨセミテ国立公園に入域するのだが、ここでまた入園パスのみならず“Reservation”なるチケットが必要だという。残念なことに、小生未だアーチーズ国立公園での失敗と、リザベーションなる入園方式とが結びついていなかった。入園ゲートのレンジャーの女性に何度尋ねてもリザベーションの意味が理解できなかった。我々は「年間パスを持っているんだ」という意識が邪魔をして理解することができなかった。しかし、ここのゲートでは、先に行く了解はしてくれた（門前払いにならずに済んだ）。それゆえに、今日のRVパークにはヨセミテビレッジ

シエラネバダの山塊にあるモノ湖、標高2,000mの高みにある。塩湖である。塩分濃度は海水の3倍だといわれている

ヨセミテ国立公園
タイオガパス・ゲート

ヨセミテ国立公園　タイオガパス（峠）は、標高3,000mにあり、凛とした高原の空気が堪能できる。しかし、全面道路工事のため味わうことはできなかった

を迂回して行くことができた。道中は海抜3,000mの高地であるがこれまた不運にも、山岳道路（Tioga Road；タイオガ・ロード）のほとんどすべてでアスファルトが引きはがされており、大掛かりな道路改修工事の真っ最中であった。3,000mの大地Tuolumne Meadows（日本人には発音が難しいトォールミ・メドーズ）の寂寥感も爽快感も味わうことはできなかった。

おおむね1ヶ月間、広く大きいとは言えども有限空間のRVの中で大人が何人も顔を突き合わせて生活をしてきた。したがって、面と向かうと小爆発が頻発するようになってきた。気持ちの発火点が十分に低

くなってきたようだ。皆が皆、自分が正義だと思っているので厄介この上ない。あともう少しでこの旅が完成するので、大人の対応を期待する旨を伝えた。

29日目（2022年6月7日）

今日は、ヨセミテ国立公園を1日かけて散策する予定で、日程が組まれている。そこに再び、大問題が発生した。リザベーションの問題だ。アーチーズ国立公園と全く同様で、ヨセミテ国立公園に入園しようとして、門前払いが待っていた。男性レンジャーがゲートで説明してくれたが、問題はリザベーションを保持しているか否か、とのこと。我々は、不幸にして持ち合わせていない。それは、WEB上で決済しなくてはならず、生憎ヨセミテ公園圏内はインターネットが不通になっている。そこで、レンジャー氏曰く「この先のラッシュクリークロッジ（Rush Creek Lodge at Yosemite）に行けばインターネットができる。そこで、WEB手配してリザベーション（入園権利）を購入すべし」とのこと。早速バックして、リザベーションを購入すべくそのホテルに出向いた。受付のおばちゃんに事情を話したところ、WEBでリザベーションが購入可能な日程を調べてくれた。しかしなんと6月14日が最も早い予約可能日とのことだった。我々の予定ではその日は日本に帰る日であり、即今只今リザベーションを手にすることは絶望だと判明した。そこで、皆にお詫びし、とりあえずRVパークに戻ろうと決定した。

RVパークに戻り、その受付で代替の名所を尋ねたところ、ジェームズタウン（James Town）とコロンビア（Columbia）の街が比較的近くにあり、いずれも西部開拓史の史跡が見られる由。RV1台で向かうべく、参加者を募った。片道およそ30㍄（およそ50㎞）ほどの距離が

レイルタウン1897州立
歴史公園

あった。ジェームズタウンでは、レイルタウン1897州立歴史公園（Rail Town 1897 State Historic Park）と銘打った鉄道史跡があり、遺構として駅と修理工場跡、機関車や客車などが保存されていた。また、コロンビアでは、コロンビア州立歴史公園（Columbia State Historic Park）なる歴史建造物が史跡として残されており、実際にゴールドラッシュを経験した地として西部劇の時代を彷彿とさせる建物が残されていて、それなりに満足することができた。まして、日本人観光客は絶対に足を踏み入れない史跡だと思うと、感慨もひとしおだった。なお、ゴールドラッシュは1849年に起こった史実である。帰着後、皆上機嫌でBBQを楽しんだ。

MILESTONE 19　北米大陸横断冒険行　30〜35日目

30日目（2022年6月8日）

いよいよ残り少なくなってきたが、この日はサンフランシスコのダウンタウンに行くことが予定の行動である。ただし、RVパーク到着後、ダウンタウンに出て、33番埠頭（Pier 33）のアルカトラズ（Alcatraz）

島周遊フェリーに乗らなくてはならない。

そんな時間の制約があるが、何とか昼前にRVパークに到着した。しかし、あまり雰囲気が良くない環境で気持ちが落ち着かない。周囲には、我々のような観光客ではなく、スペイン語を話す人たち（もしかしたら越境者）が生活をしている場であった。もともとは州立公園の中にあるリゾート地のRVパークだったが、現在は移住者が住み着いた生活の場になっていた。

ダウンタウンに出向く必要があり、筆者はUberのアプリをダウンロードして、タクシー代わりの足として使うことにした。事前に乗・降車する場所がアプリ上で明確に指定でき、料金も登録クレジットカードで事前に引き落とされる。しかも、車がどこまで来ているかが

お上りさん御用達
ピア39前広場のカニさんマーク

アル・カポネも収監されていたアルカトラズ島監獄

表示されるので、闇雲にタクシーを待つよりよほど便利で確実だ。

このアプリをダウンロードしたおかげで、後日非常に役に立った。136ページ【解決→ハッピーエンド】の項をご参照願う。

ピア33に出て、そこからピア39までの間でいわゆるお上りさん的観光をした。しかし、観光客が非常にまばらだ。まだまだコロナ禍の影響は終息できていないようだ。

午後3時頃に再集合とした。皆昼食を思い思いに取り、クラムチャウダーやら、クラブサンドやら……。そして午後3時半が予約の時間だったが、その前の船に乗せてくれた。むしろ時間にルーズで、どの船でもOKという感じだった。20分ほどで件の島に到着。いにしえの砦(海堡)であり、なおかつ一昔前の終身刑の犯罪者の監獄跡である。そう、アル・カポネのような極悪人の監獄の跡。重々しい史跡だが、すべて見ることができた。帰路は、Uberとタクシーに分乗してRVパークに戻った。

突然話は変わるが、アメリカには昔日の日本のように子供たちの笑顔と笑い声があった。街角で出会う子供の数が圧倒的に多いように感じた。日本で少子高齢化問題が騒がれ始めてすでに四半世紀余が過ぎ去ってしまったが、残念ながら本邦ではその改善の糸口すら見通せず、少子化も高齢化も驚くほどのスピードで昂進してしまっているように見受けられる。どこに行っても子供たちの元気な声を聞くことが少ないし、可愛らしい笑顔に癒される機会が乏しい昨今だ。

一方、アメリカでの印象は、どこに行っても子供たちの可愛らしい笑顔を見ることができることに驚く。ただし、時にはヒステリックな泣き声もあり、肯《がえん》ぜぬ児の癇癪を多少の辟易感をもって耳に入れざるを得ない場合もあるが、概して子供の声は我々にとって癒しの源泉で

ある。ニューヨークの喧騒の中を歩いているときにも多くの子供連れの人たちと行き交い、それ以外に国立公園のような都会ではない地域においても、子供たちを見るチャンス、あるいは出くわすことが非常に多いと感じる。このことは、我が国との違いである。

そもそも、日本とアメリカでは人口比で2.6倍（2020年時点でアメリカ3.31億人に対し、日本は1.26億人である。国連のデータ）の差があり、女性の合計特殊出生率で見れば、アメリカと日本では率そのものも1.2倍の差が生じている（2020年時点でアメリカ1.64であるのに対し、日本は1.34である。出典　The World Bank）

つまり、人口が多く、さらに出生率も高いとなれば、子供の数自体が多いことは自明であり、街中で見かけることのできる子供の絶対数はアメリカに軍配が上がるのは必然である。ちなみに、西側先進国で人口の凋落が続いているのは、残念ながら日本が筆頭である。

少し話が膏肓《こうこう》に入ってしまったが、屈託のない子供の顔、とりわけ笑顔はいいものだ。しかし、我々が滞在したRVパークの中でも滞在時の環境が良くなかった筆頭に挙げられるのが、大都市近郊のそれであった。

理由は、観光客ではなく居住者が多かったために、両者の求めるものが交錯してしまったことに由来する。RVパークがいろいろな用途に利用されることはあるだろうし、そのことを問題視すべきかは微妙な問題だ。だが「旅の安息を求める場」と「生活の場」が、同時に同じ空間で機能し得るかが問われるポイントだろう。

でも、RVパーク内を我が物顔に駆け回るスペイン語を話す居住者の子供たちは、彼らのキラキラとした目の輝きによって我々を大いに魅了した。あたかも、何十年か前の自分を回想するかのような立ち居振

ボストンの街のとあるビル。壁面に
大がかりに「子供の顔」を描写中

ニューヨークの街角で会った保
育士さん？　乳母車で移動中

サンフランシスコのRVパーク
目をキラキラと輝かせて集まって
きた、スペイン語を話す子供たち

る舞いだった。明日を信じ、今が楽しければ何もいらない、といった風情の純朴な自分がそこにいるようだった。

31日目（2022年6月9日）

今日は海岸線を南下して、モンテレー（Monterey）経由ピズモ・コースト・ビレッジRVリゾート（Pismo Caost Village RV Resort）に行く。モンテレー到着時には、薄黒い霧が覆っており、なんだか寒そうな感じだった。ビジターセンターで情報を集め、モンテレーの瀟洒な家並みを見ながら、カーメルベイ（Carmel Bay）に向け車を進めた。ようやく霧は晴れ、暑い太陽が戻ってきた。この国に来て早1ヶ月余が

過ぎたが、これまでの地で住んでみたいと思ったことはなかった。が、ここモンテレーや隣接するカーメルベイの地は素晴らしく、できることなら住んでみたいと思った。ただし、生活費は物凄く高額だろうと推測する。

なお、この地はゴルフ好きには垂涎《すいぜん》の地と思われ、ペブルビーチには5つのゴルフコースがある。スパイグラスヒルGC、ザ・リンクス・アット・スパニッシュベイ、ザ・ヘイ、ペブルビーチ・ゴルフリンクス、デルモンテゴルフコースだ。5コースともに、米国屈指の名門コースなのだが、なかでも名高いのは「世界一のリゾート」「世界一のパブリック」といわれるペブルビーチ・ゴルフリンクスだろう。ゴルフには門外漢の筆者だが、ジャック・ニコラス、タイガー・ウッズなどのそうそうたる選手が覇を競った華々しい場所だったことは理解している。

その後の道中は、ルートUS1（1号線　＊この道の最終エンドが前出のキーウェストだった）を辿って海岸線をさらに南下する。本来、風光明媚なはずだが、この海岸線は右側が断崖絶壁であり、片側1車線の厳しい道である。自己責任の国の難所であるが、果たしてガードレールはところどころにしか設置されていない。落ちたら死ぬ定めだ。高所が嬉しくない1号車のドライバー2人とも、早々に辟易して景観に耐えた。実のところ非常に怖かった。

なお、この日のドライブでハイライトだったのは、丁度運転にも疲れて休憩場所を求めていた時に、全く予備知識がなかったものの「ゾウアザラシの群棲地」に立ち寄ることができたことだった。後で調べたところ、1874年に構築された当時の灯台がピエドラスブランカス灯台（Piedras Blancas Light Station）という史跡として維持管理されて

モンテレーの高級住宅地
瀟洒な家並みが海に沿って続く

Piedras Blancas ゾウアザラシの群棲地

おり、そのすぐ近くがゾウアザラシの群棲地だった。これまでに陸生大型獣にはそこそこ接近遭遇はしてきたが、海生のものには全くお目にかかっていなかった。

皆、至福の休憩時間を過ごすことができた。

32日目（2022年6月10日）

今日はRVで移動する最後の行程だ。ピズモ・コースト・ビレッジRVリゾートからソルバング（Solvang；オランダ人入植者が自分たちが生活するためにオランダ風建物の村を建築した、まさに生粋のオランダ村だ）、およびサンタバーバラ（Santa Barbara 豪奢な海辺の街）を経由して、ロサンジェルスのアナハイム（Anaheim）にあるオレンジランドRVパークに向かう。1日で360km余を走行する最後の日程である。いよいよラスト・ラン、安全を十分に意識して運転席に着く。

RVパークから1号線を90㎞余南下し、1時間ほどでソルバングに到着。一目でそれとわかるほどにオランダ風の建物が眼前に展開している。主要道路から1本裏道にて駐車可能なスペースを見つけた。ここで、2時間ほど散策の時間を取り、三々五々皆自由に街を堪能した。

筆者は、焼き菓子屋さんでクッキーを探して購入した。賞味期限を伺ったところ2ヶ月の由。土産で持ち帰るのには十分だ。それからアンデルセンミュージアムに行き、アンデルセンの在りし日の肖像を目にした。次に書店を探した。カレンダーをと思ったが、イメージ通りのものがなく退散。後は街路を歩くと、試飲ができるワイン屋さんが多くて、筆者には非常に目の毒だった。まだまだ運転しなくてはならない。

ソルバングを出発して1時間くらいで、サンタバーバラの街に着いた。海辺の瀟洒で落ち着いた町である。どうやら保養地として発展してきた町という。記憶にあるのがスターンズ・ワーフ（Stearns Wharf；1872年にジョン・ペック・スターンズによって建設された歴史ある桟橋）の海に張り出した桟橋の風景だ。もっと調べればよかったが、ここには行かずじまいだった。代わりにSanta Barbara FisHouseなるレストランで、昼食をとることになった。筆者は、ミックス海鮮パスタをオーダーした。海鮮の出汁がよく効いたクリーム仕立てのペンネのパスタだった。腹いっぱいになった。一人26ドルの昼食である。実際には、これ以外にチップと税金が付加された。美味かったが、値段相応というべきか、当然だともいえる。この地を後にして、いよいよ、ラスト・ランの体制に入る。残り130㍄ほどである。65㍄の道のりを2人でシェアして、吾輩がウィニングランを担当しようと、極楽のような道中を考えていた。しかし、ここでも問屋はそう簡単には卸してくれなかった。1時間、長くても2時間あれば到着と目算を立てたが、ロス

Stearns Wharf @ Santa Barbara 海に突き出た有名な桟橋

に向かっての道は道路工事の渋滞に加え、金曜日の退勤時間とも重なって、片側6車線の高速道が上下線とも壮絶な渋滞にはまってしまった。動かないのだ。1㍄の道がこれほど遠いとは、情けなくなる。

1時間が2時間になり、3時間を過ぎ、吾輩は運転席に張り付いているのでトイレに行けない。ゴールまでまだまだ遠い。この先を考え、運転席脇に緊急用ウロガードとして今日飲み干したミルクの空になったペットボトルを用意した（ウロガードって何だ、となるよね。ありていに言えば尿瓶のこと!! ）。本気でペットボトルにやることを考えていたが、ようやく少し進んだ。駐車できるところに停めることができた。モーターホームはこんなときには便利だ。トイレが常設されている。ウィニングランならずウェッティングラン（著者造語Wetting Runのwetには「おもらし」の意味もある）と末代までも囃されるところだったが、何とか人間としての尊厳は守れた。何と2号車でも同様のクライシスが展開されていた由。良かった善かった!!!

そんなこんなで恥をかく寸前だったが、アナハイムのオレンジランドRVパークに無事到着し、全行程11,000km余を走り抜き、全員無事に無事故でゴールすることができた。メンバーやサポートチームからの

祝福に、こみ上げるものがあった。ついにやり切ったと、感慨もひとしおだった。

33日目（2022年6月11日）

【道中記エピローグ】 北米大陸横・縦断冒険行　最後の3日間

今日のDutyとしては、予約済み飛行機の離陸時間から逆算して午前11時以降に日本再入国72時間前の陰性証明の基礎になるPCR検査を受けに行かなくてはならない。これまでのように朝起きて、食事後、早々にその日の行程を走り出さなくてはならない、という義務感がなくなったので、皆のんびりとした時間を楽しんでいる。RV1台で行くため、3名はUberに乗って出向くことにした。RVパークと検査センターとは20～30分の距離である。だがハイウェイに乗った途端に、最右端の車線から6車線をまたぎ最左端の車線に移動しないと目的地に行き

メンバー全員で、無事故·完走を称えあった

Orangeland RV Park @ Los Angels
6/10 とりあえずのゴール

完走祝いにAkiraさんご夫妻が特大のケーキを差し入れてくれた!!!

着かない。鬼のような道路だ。この後の検査センターでの受検風景は、次章「日本再入国要件を満たせず！」【序章】（133ページ）に詳述したので、ご参照願う。

これより前、皆で「バナー除幕式」を執り行った。メンバー全員の名前を2枚のバナーに書き込み、そしてRV後面からの除幕式を行った。達成感とともに、皆、神妙な面持ちだった。この後、グルー除去の仕事を2名の担当者が行い、RVをきれいに磨き上げてくれた。

34日目（2022年6月12日）

今日は午前中、RV返却前の車内清掃、そして各人の荷物整理とパッキングに時間を費やした。実は、皆、逸《はや》る気持ちを抑えながらの作業だった。今日は、かねて予定の大谷選手の応援日だ。試合は、第1球投球時間が午後4時8分と提示されている。その前に球場で、いろんな写真撮りや売店での買い物などがあることから、午後1時15分ごろにRVパークを出発した。徒歩で15分ほどの距離だ。筆者は、入場ゲートでMLBのアプリがうまく作動して、チケットのページが適切に表示されることばかりを願いながら、歩いた。何となれば、全員のチケットは我がスマホに入っているからである。米国では、紙のチケットは存在しない。

スマホの表示は適切だった。目出度くも無事入場できた。そして、燦然と輝くMVPのトロフィーなどの写真を撮った。さらに売店で、大谷選手の名前が印刷されたTシャツをバカ高いお金を出して購入した。そして、ビールにタコスのベースボール・ディッシュも買った。しかし、フィールドに肝心の彼の姿がない。ウォーミングアップもしていない。何となしに異変を感じてスマホで日本のニュースを調べたところ、監督代行のスピーチがアップされていた。曰く「スーパーマンで

アナハイム・エンジェルス・スタジアム内の展示スペースに飾られているMVP受賞関連アイテム

エンジェルスのダック・アウト後方12列目に陣取った我らツアー仲間。
衛星放送で日本に送信された応援風景

このビールを飲みながら、大谷選手を見るのが目的だった

も休日が必要だ」とのこと。なんと我々の観戦日に彼のお休みが直撃した。無茶苦茶残念だ。ただし、我々の応援風景は、BS放送で日本に流されていたという。後ろからの画像で、メンバーの友人が映像を確保してくれていた。

35日目（2022年6月13日）

今日はRVをレンタル会社に返却する日だ。同時に、その前に検査センターに寄って、日本政府の求める陰性証明の書式に記入された正式書類を受け取りに行かなくてはならない。昨日検査センターとの契約にあった、メールで検査結果を送信するとの約束は、まだ5人が履行されていない。この後、極度に緊張せざるを得ないシーンが展開された。この続きは、次章「日本再入国要件を満たせず」に、恨みつらみとともに詳述したのでご参照願う。ただし、RVの返却は極めてスムーズに

いったことも、併せてご報告する。

【道中記　ラッキー天使のモノローグ】

恨みつらみの巻を含む、最後のどんでん返しをお楽しみあれ!!!

日本再入国要件を満たせず！
図らずもメンバーに陽性者が出てしまった

【序章・恨みつらみの巻】

最後の関門である日本再入国のためのPCR検査を、6月11日に受検した。旅行社で紹介された検査センターに全員で向かった。行き方は、RVの定員が7名ゆえに6名が1台のRVに相乗りして行き、他の3名がUberに乗って向かった。帰路も同様の人数配置だった。

検査センターでは、検査技師と思われる白衣を着たアジア系の女性が、申請書の記述要領の説明と確認、パスポートチェック、返信用の各人のメールアドレスの文字確認、検体の採取、あげく検査受検料の集金までやり、我々9名のほかに他国の人たちへの対応まで一切を一人でやっている姿に、一抹の危惧を感じていた。果たして、正しい検査結果が得られるのか??

申請したメールアドレスには、検査日翌日の午後4時までには、速報として検査結果が通知されることになっていた。しかし、2号車の3名には早々に結果が届いたものの、1号車のメンバーには全くなしのつぶてであった。約束の6月13日朝、検査結果を日本政府の求める書式に打ち出した公式書類を受け取りに、全員で再訪した。ビジネスアワー開始の時間まで待って、受検日とは別の受付の女性検査技師に書類をも

らいに来た旨を伝えたところ、いきなり「陽性者が2人いることを承知しているか」と問われ、非常に困惑した。昨日、メールが送信されていないと訴えたが、謝罪なし。

場面は一気に暗転してしまった。そして非常に困った。再入国に必要な書類等の情報はWEB上に掃いて捨てるほどあるのに、陽性になった場合にどうすべきか、というサジェスションは全く見当たらない。

しかし、冒険行を通してメンバー全員のコロナ感染にまつわるバイタルデータを日々確実に採取し、検証してきた結果から、全員陰性であるとの強い自信があった。よもやメンバーに陽性者がいるという心の準備は全くできていなかった。格好つけるわけではないが、筆者はリーダーの責務として直ちに居残りを決めた。メンバーを残して帰国できるわけがなかった。

【解決に向けて】

当然、この間、サポートチームにも重大な状況に陥ったことを伝え、助力をお願いした。しかし、彼らは、こんな場合のノウハウは持ち合わせていないらしく、スイートスポットに当たるようなアドバイスはもたらされなかった。しかし、旅行保険会社にロスの医療機関の紹介を頼んでみたらいかがか、とのヒントをもらうことができた。

一方、持参したパソコンを取り出して真剣に情報探索をした結果、WEBの片隅に「領事館」との文字を発見したことから、この2面から探索をしていこうと意を決した。

早速「領事館」に電話をして、「グループ旅行中であるが、メンバーが陽性になってしまった。明日、帰国予定だが、どうしたらよいか？」と問いかけたところ、以下の指示をもらった。

❶ 先ずは医療機関で治療方針を策定すべき。そして治療を受けるべき。
❷ 治療後に再検査をして、陰性になったら、医師に「回復証明」を記述してもらうべし。
❸ 回復証明が出たら、後は領事館側で対処する。

また、「旅行保険会社」については、契約時のパンフレットにLINEを使っての24時間無料電話がある旨の記述を見つけ、早速無料電話にしがみついた。いくつかのやり取りの後、ロスの提携クリニックの情報をメールで送信してくれることになった。

もう一点、早急に対処すべき課題があった。飛行機のチケットの変更である。我々のチケットは、最安値で変更ができない。ロス→成田間をたったの3万4千円という破格の安値で送り届けてくれる代物である。チケット会社に連絡をしてCOVID-19感染により変更が必要になった旨を承知してもらわないといけない。が、ロスの午後早くの時間は、日本は明日の未明の時刻であり、そのような込み入った事柄を話せるオペレーターは未だ出勤しておらず、この問題は棚上げが必至となった。最終的には、これが絶対的に幸いした。

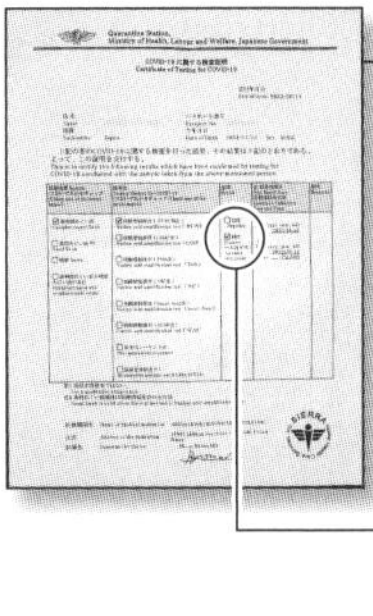

「COVID-19に関する検査証明」書。この書類に陰性証明をもらわないと日本には入国できない

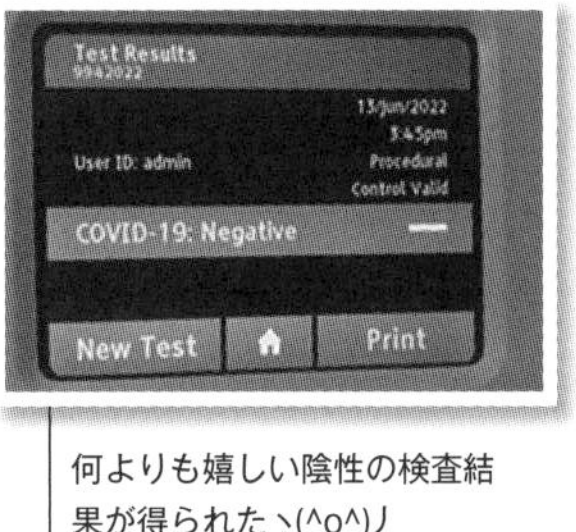

何よりも嬉しい陰性の検査結果が得られた＼(^o^)ﾉ

【解決→ハッピーエンド】

エアチケットの交渉ができないとわかったところで、グーグル・マップを開き、4ヶ所ほど送ってもらった提携クリニックの場所を検索した。明日から何日間かは通わなくてはならないので、ホテルからできるだけ近いところがよい。

そうして検索したクリニックに電話をしたところ、2番目に近いクリニックで「今日は医師がいるので、今すぐなら受け付ける」との返事があり、すぐさまUberを呼んで、出かけることにした。約束の午後4時30分を大幅に過ぎてしまったが、医師ともども待っていてくれた。非常にありがたかった。

到着後、今後の治療方針を相談したところ、医師が「先ずは現状を把握しましょう」とのことで、すぐさま検査をしてくれることになった。20分ほど待っていたら、「全員陰性だよ!!!」と医師が叫んだ。検査センターでの結果とは真逆の検査結果が出た。この結果をもって正式な「陰性証明」を出してくれることになった。最高にありがたいことに、メンバー全員が予定通りの飛行機で日本に帰国できることになった。ただし、検査センター発行の陽性書類を見たクリニックのクラークさん曰く「検査データを付帯しない結果書類は全くの不備。検査機関として不適切」の由。この言により朝からの経過に全面的に納得ができ、すべてのモヤモヤが吹き飛んだ。

はてさて、こんな大騒動をたった1日の中でやり切ったことになる。まさにハッピーエンド、メンバーみんなが涙で祝ってくれた♥

天国と地獄ならず、地獄から天国への一気昇天だ。目出度し、目出度し。

人生のマイルストーン

第4章

RVツアー

——日程管理と遭遇トラブル——

MILESTONE 20 北米大陸横断冒険行　体調管理の徹底

ツアー中の毎朝定時刻の体調バイタルサイン計測と記録。コロナの感染が終息せず、しかもマスクフリーの生活が全米に行き渡っている状況から、メンバーの健康管理には細心の注意を払った。毎朝、一定の時間に、体温、酸素飽和度、脈拍のデータを計測し、さらに頭痛、倦怠感、咳、味覚・嗅覚等のコロナ感染に関わるバイタルサインを申告して、あげく全身状態のトピック等すべてを記録したうえで、リーダーまで提出を求めた。取りまとめは、班長のミッションである。データとしての各人の記録が蓄積されたので、時系列的に体調の変化はよく掌握できた。

❶ 毎朝のラジオ体操の実施

ユーチューブのラジオ体操を持参したので、インターネットが通じ

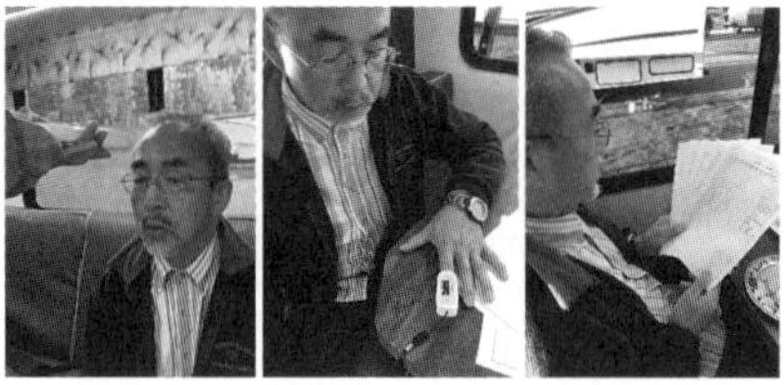

毎朝の体調バイタルサインの計測風景

毎朝全員でラジオ体操を行なった。アメリカでラジオ体操というのも乙（オツ）なものだ

る環境下においては、毎朝出発前に、全員でラジオ体操（第1・第2）を実施した。単に、体操による爽快感が得られたばかりか、副次的には出発に向けた意気込みの醸成ができ、これが無事故で完走できた一つの要因とも考えられる。ラジオ体操の後には、ちょっとした短時間ミーティングも実施し、当日に共有すべき情報も通知しあった。

❷ 米国のマスク着用事情

次に、米国内でのマスク着用事情をお伝えしよう。

事前に聞いていたのは、アメリカでは、最早誰もマスクはしていない、という前情報だった。さらに、テレビ画面ではマスク着用者にヘイトの嵐が待っている、というような悪い情報ももたらされていた。米国人のマスク着用姿勢は、自身の体調が悪いからマスクをして、他者に感染の危険を及ぼさない、ということのようだ。日本人の場合は、予防的が主流であり、他者の災禍をもらわない、とする自己愛が前面に出ているようで両者の違いが著しい。この辺の疾病防御姿勢は民族性が表れていて面白い特徴である。したがって米国内においては、マスク着用=感染者というイメージになってしまうことが問題だ。

一方、これまで巡ってきたロサンジェルスやニューヨーク、そしてマイアミのほか、他の小都市でも、ほとんどの米国人はマスクフリーの状態である。唯一、ナバホ族の居留地では、マスク着用が入境の絶対条件だった。

我々がツアー中にコロナに感染するということは、感染者の脱落を意味するのみならず、このツアーの中断に通ずることなので、人ごみに行く際には絶対的にマスクを装着して出かけた。しかし、9人がかたまってマスクをしてそぞろ歩く光景はそれなりに目立つので、周囲に

違和感を及ぼさないかが危惧された。が、いずれの地でも、マスクをして歩くことがためらわれるような雰囲気は全く感じなかった。マスクをするもしないも、個人のチョイス、「個人の自由」に由来することのようだった。

なお、彼の国でマスクをしているのは確かにマイノリティだが、全然いないわけではなく、それなりに見受けた。印象では、居住者か旅行者かは不明ながら、スペイン語を話す人たち、アジア系の人たち、そしてフランス人（確かに旅行者）などだった。

MILESTONE 21 北米大陸横断冒険行　経験したトラブル

❶ 2号車、運転席側バックミラー損壊

5月26日　イエローストーン国立公園・マンモス・ホット・スプリングスからの帰路、片側1車線の狭い道路で対向して来た大型トレーラーの何かがミラーに当たり、支柱が折れた。

破損状況（右ページの写真参照）　運転席側のバックミラーを支えるアルミ製の支柱がパキンと見事に折損し、ケースごと脱落してしまった。バックミラーがないと一番困るのが、車線変更である。帰路は“人間バックミラー”で補完した。（道中記本編　83ページ参照）

5月27日　チョットした工夫とDIYで、臨時バックミラーを組み立てた。（道中記本編　86ページ参照）

6月4日　ラスベガスの営業所にて、正規品のバックミラーに交換し、正常な姿になった。修理代金510ドル請求あり。（道中記本編　109ページ参照）

❷ 1号車、右後輪・ダブルタイヤの内側タイヤがどうやらパンクかも ?

5月28日　West Yellowstone滞在中、運転席モニターに表示されるタイヤの空気圧が、右後輪内側のタイヤの異変を告げているようだ。RVパーク出発時に、近くのメカニックのいる修理屋さんで、空気圧の調整をしてもらった。

エアチャージ完了後に「いくら？」と聞いたところ「100ドル」と、修理屋のおやじに言われた。そうかと言って払おうとしたら、「エアチャージで金はとれないぜ」と言いざま大笑いされてしまった。タイ

DIYでとりあえず復旧

2号車の運転席側バックミラーは、図らずも支柱が折れ、脱落した

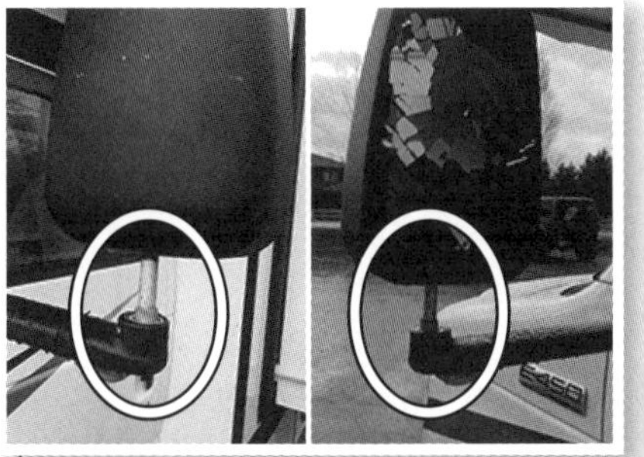

支柱は、3.99ドルで購入した両端をねじ切りした4インチほどの鉄パイプをねじ込んで支柱に変身した

ミラーは、持参した100均の鏡を嵌め込んで修復完成

ヤには空気を満杯に入れてもらい、筆者は一発かまされた。気の良い修理屋のおやじの気の置けないジョーク攻めだった。

5月29日　パンク確定ロードサービスを呼ぶ。

前日まで確認できた後輪の空気圧が、今朝は完全なFlat Tireの状態に陥る。前日は、空気を入れて260kmほどを走ってきた。これからどうするかと思ったが、サポートチームに依頼してOn the Road Supportにレスキューを依頼。

レスキューはかなり遠くから来るので、到着には数時間かかると考えていた。しかし意外に早く、連絡後1時間ほどで到着。レスキューメカニックは到着後、直ちにスペアタイヤの有無を確認して、RVの下部に潜り込み、スペアタイヤを下ろし、そして後輪のダブルタイヤを外して、パンクしたタイヤとスペアタイヤを交換。その間10分とかからず。見事なほどの手際で、我らがRVを蘇生してくれた。パンクの原因は、小さなボルトを拾いこんだことによる。

Greys River Cove RV Park内のサイトにて修理完了。

❸ 2号車　スタック事故　右後輪で穴を掘ってしまい、動けなくなる

5月31日　午後3時頃モアブ（Moab）近郊のシーニックポイント駐車場（道中記本編　95ページ）

アメリカ人の手厚いドネーションシップ（Donationship；互助精神）に恵まれ、非常に助けられた!!!

実は、キャニオンランドからの帰路モアブ近郊でルート313走行中に、後日行くことになるモニュメントバレーにそっくりな巨岩が連なる景色を発見。そこで、皆で写真を撮ろうとビューポイント（ナバホ・ロックス）のパーキングに車を乗り入れた時に事故が発生。本道の高

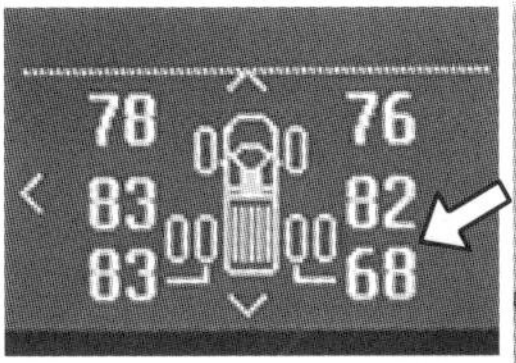

右後輪の内側タイヤの最初の異変。パンク？この後右の写真の通りメカニックにエアチャージしてもらった

ダブルタイヤへのエアチャージは、口金の設置場所と形状の両面で素人には難しい。メカニックにやってもらうのが一番確実だ

この日、ダッシュボードのタイヤ圧表示は、見るまでもなく異変を伝えていた

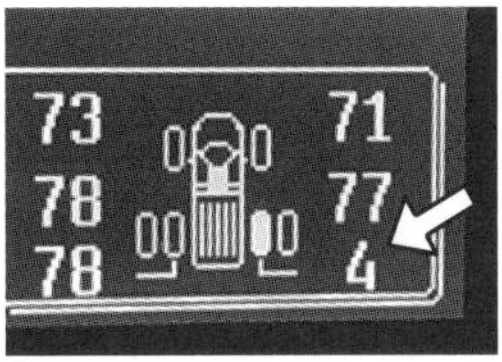

ロードサービスのレスキュー到着まさにレスキューの雄姿だ

レスキューメカニックは到着後すぐさまタイヤ修理にとりかかった

後輪タイヤは、小さなボルトを拾い込んでいた

さと、パーキングの接続路とがRVにはマッチせず、車体が本道に残ったまま後部を擦り付けた状態となり、そろりと移動しようとしたら後輪で穴を掘ってしまった。その結果、身動きならず、本格的にレスキューが必要な羽目に陥った。筆者は、レスキューに早く来てくれるよう祈るような気持ちで早速サポートチームと連絡を取った。しかし、ここではインターネット環境がはかばかしくなく、スムーズな連絡は難しかった。

ところが、ここがアメリカ人の尋常ならざるところで、パーキングにいた人たちが総出でヘルプしてくれた。ある人は、自身の車（大型ピックアップ車）でけん引してくれ、ベルト・スリング（牽引ロープ）をRVのボディ下に掛けて引っ張り出そうとトライしてくれた。ところが、重いRVはピクリともせず、スリングが切れてしまった。あげく2本目のベルト・スリングをかけてくれたがこれもダメで、その方が持っていた2本とも切断の憂き目にあってしまった。

2号車は自身の車を持ち上げるジャッキアップ装置が設備されており、次の助け人はそこに着目して、油圧で後輪を持ち上げる工夫をしてくれた。これで浮いた後輪と掘れた穴の隙間に、BBQ用にとっておいた薪（木片）を敷きこんでタイヤが駆動できるように工夫してくれた。結果、見事、脱出でき、レスキューの出番を待たずに解決できた。アメリカ人の手助けはこれ以外にもあり、ある人はジャッキアップの座受けを提供してくれた。

アメリカは個人主義の国で他人への関与はしないとばかり思ってきたが、どうして助けが必要なときには、皆が精一杯の無償のヘルプをしてくれることを事実として知った。

スタック事故の状況

ボディ後端・下部が路面に接地

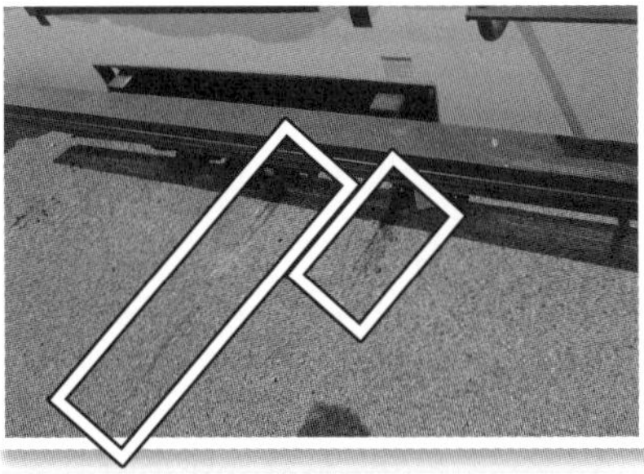

牽引索で引っ張り出し案

油圧ジャッキアップ装置で車体持ち上げに成功

復旧なって意気
揚々とRVを本
道に戻し入れた

❹ 2号車の交換

5月20日　シカゴ　エルモンテRV営業所

5月10日のニューヨーク出発時より種々のトラブルに見舞われた2号車をサポートチームの尽力で代車に交換することになった。

その結果、走行距離がたったの150マイルの全くの新車をあてがってくれた。この車は、スライドアウト（居住部分の張り出し装置）が車の左側全面に設置されており、またジャッキアップ装置も装備されているなど、格段に居住性能が向上した。特にジャッキアップ装置は、車を油圧で上昇させ固定することから就寝中の振動（揺れ）が出ないことが秀逸である。さらに、直前の項目に記述した通り、スタック事故からの生還に大いに役立った。

これまでの2号車で、交換を求めるほどのトラブル項目は以下；

① 発電機排ガス管脱落（次項に記述）

② 冷蔵庫ハンドル破損（レンタル初日、この理由で車の交換を求めたが代車なし）

③ 冷蔵庫の後方壁材脱落・損壊（走行中、自然落下）

④ 助手席側外部モール剥離・脱落（走行中、自然脱落）

⑤ 運転席シートベルト取付金具ねじ脱落

⑥ 電子レンジ取付金具（ねじ2本）脱落

❺ 2号車　発電機排ガス管脱落事故

この事故は、5月17日午前9時頃ナイアガラのナイアガラフォールズUSAオフィシャルビジターセンターに向け走行中に発生した。排ガス管が車の進行方向とは逆の方向に脱落したため、大事には至らなかった。しかし、2号車の車内で突然の異常音がしたため、皆びっくりした

という。さらに、この事故にあったのは、運よく黒人街を出はずれたところだった。真っただ中で起きたと考えると、少し気持ちが揺らぐ思いがした。

国立公園への入園

いくつかの国立公園へは、ルール改正で事前のリザベーション（Reservation）が必要になった。従来は、国立公園への入園には、単回パス（入園時のチケット料金）もしくは年間パス（Annual Pass）を購入して提示するだけで、随時入園が可能であった。しかし、アーチーズやヨセミテ等の国立公園では、事前に国立公園管理局のWEBサイトから入園予定日の権利を購入するようにルールの変更があった。

このルール改正を知らなかったばかりに、アーチーズやヨセミテ国立公園では、はしなくも、入園ゲートが通過できずに、そこから門前払いになってしまった。リーダーの責任であることは言を俟《ま》たない。非常に申し訳ない思いである。

なお、午前6時～午後4時までの日中の入園には事前のリザベーションが必要だが、その時間を外れる場合には、不要であることも付言しておく。

我々が訪問した国立公園でリザベーションを求められなかった場所は次の通りである。（年間パス〈Annual Pass〉のみで入園がOKになった国立公園）

◆ イエローストーン国立公園（ワイオミング州）

◆ キャニオンランズ国立公園（ユタ州）

◆ グランドキャニオン国立公園（アリゾナ州）

◆ グランドティートン国立公園（ワイオミング州）

◆ ザイオン国立公園（ユタ州）

◆ デスバレー国立公園（カリフォルニア・ネバダ州）

◆ ブライスキャニオン国立公園（ユタ州）

※このほかの国立公園でもリザベーションチケットが必要なところ、不要なところそれぞれあると思うので、まずはWEBで確認されることをお勧めする。

人生のマイルストーン

第5章

記憶に残るアメリカの訪問地

MILESTONE 22 心に刻まれた記憶に残る訪問地・その他

❶ ワシントンD.C.（コロンビア特別地区）

コロンビア特別地区にあるホワイトハウスを見てきた。さすがに世界に冠たる国の政治の中心地だけあって、格式と荘重さのオーラが凄い。この侵すことができようもないほどの荘重さやオーラは、人や行政が重み付けをしたものではなく、米国民一人一人がプライドを持って重みを享受し、そして共有しているところが凄さの源泉と感じた。

翻って我が国の国会議事堂や首相官邸などの類似施設は如何に感ずるや？　物理的な建築物の問題ではないとしたら、果たして胸を張って世界に紹介できようか。とてもじゃないが、当地の荘重さとは比ぶべくもない。この現実は悲しくもあり、やりきれなさも感じる。最近はとみにこれらの地の地盤沈下が厭われてならない。

ワシントンD.C.
ホワイトハウス

ホワイトハウス前で記念撮影
をする米国の中学生ご一行

❷ ランカスター（ペンシルバニア州）

アーミッシュの村はペンシルバニア州ランカスター郡にある。

アーミッシュの方々は現代文明を拒否して、古い時代の生活をそのままに保持しているとばかりに思ってきたが、彼らの生きざまを直接垣間見ることができて本当に良かった。現代の生活様式と整合すべきは少しずつ現代に合わせている姿に接し、頑固な頑なさを持った偏屈な人たちではなかったことに大いに安心もした。案外、柔軟な日常と信仰生活を保っていることに感銘を受けた。だが、基本的な生活様式は、電気や自動車のない馬車や馬力による自給自足の生活に軸足を置いていた。

また、彼らのコミュニティのありよう自体も、柵を設けて排他的に存在するのではなく、広く地域と融合しながら、独自の文化や生活様式を保持していることに驚かされもした。

❸ ナイアガラの滝（ニューヨーク州）

大瀑布（ニューヨーク州）は紛れもなく非常に有名な世界的観光地である。この季節は融雪水量が1年中で最大になる時期であり、その水量ゆえにいかんなく豪快そのものの大瀑布を堪能させてくれた。「霧の乙女号」（Maid of the Mist）に乗って、瀑布の先端に肉薄したばかり

アーミッシュの方々の日常の足　バギー車

壮烈な瀑布　ナイアガラの滝

に、全身びしょ濡れになってしまった。爽快なり。初めての地であるが、心に残る景観だった。なお、コロナ禍の影響か、カナダ側が全く閑散としていたのは、少し残念だった。

❹ シカゴ（イリノイ州）

アメリカの中西部、イリノイ州最大の都市といわれるシカゴに来て「シカゴピザ」を味わわない法はないだろうとメンバーの言。美味い店の紹介をグラントパーク内で客待ちしていたサイクルリキシャーのお兄さんに頼み、5人と4人で2台に乗り込んだ。大きな道路を横切り、目指すレストランへ。シカゴピザには2つの流儀があるそうで、Deep Dish PizzaとStuffed Pizzaがあるという。Giordano`sという名のピザレストランを紹介された。ここでは、元来のディープディッシュピザではなくスタッフドピザが提供されているとのこと。

着席後、イケメンのウェイターにシカゴピザをオーダーした。待つことしばし、2枚のピザが焼きあがった。想像したものより大きく、溢れんばかりのチーズをトマトソースで覆い隠す代物であり、びっしり

シカゴのピザレストラン
Giordano'sというお店

シカゴピザ　襟高く
成型されているのが
特徴

と中身の詰まったピザだった。非常にボリューミーで、9人で十分に味わうことができた。生地は襟高に成型されており、その襟の部分も香ばしくて美味かった。満足、満足。また食べたいものである。この夜は、シカゴブルースのライブでさらに盛り上がった。

❺ ペピン（ウィスコンシン州）

アメリカの中北部・ウィスコンシン州ペピン郡にある『大草原の小さな家』の作者ローラ・インガルスの生誕地を訪問した。生地には一家が生活をしたと思われる小さなログハウスが復元されており、米国開拓史を垣間見る思いがした。当時の生活は、非常につましくかつ厳しかったと想像されるが、同時に、作品で描かれた通りの温かなファミリーの生活が展開され、そして強い絆が育まれていたことが偲ばれ

復元されたローラの
生家（ログハウス）

ミュージアム内の
ローラの家内部
（居間）の模様

ローラ・インガルスのミュージアム
復元された生家とは7マイルの距離の町にある

た。この地の気温、風と葉擦れの音や周囲の景観、それらすべてが読書に誘う。帰国したら少し気恥ずかしいが再読しよう。

❻ イエローストーン国立公園（ワイオミング州ほか）

モンタナ州、ワイオミング州、アイダホ州にまたがる広大なイエローストーン国立公園を15年ぶりに再訪した。ここは、見どころ満載の世界的観光地である。大型獣との接近遭遇のチャンスが前回の比ではなく、非常に満足できた。たった一日でバイソン、エルク、ブラックベア、グリズリー・ベア等々大型獣に接近遭遇することができた。このほかコヨーテにもお目にかかった。案外稀なことだと思う。とりわけ

2頭の尾白ジカが目の前にいた

突如姿を現したブラックベア

ジャクソンの街の公園入口には本物の鹿の角を積み上げた角ゲートが見られる

バイソンとは、30頭ほどの群れが、道路をふさぎ、あげく我らがRVに突撃するのではないかと心配されるようなシーンにも遭遇した。目が合ってしまったのがいけなかったようだ。

❼ ジャクソンタウン（ワイオミング州）

15年ぶりに再訪問できた。そこで目指す買い物ができ、しかも50％Offだった。最高に幸せ!!

❽ モニュメントバレー（アリゾナ州・ユタ州）

この地は、ナバホ族が管理する居留地であり、彼らが自治する神聖な土地である。一方、ジョン・フォード・ポイントに代表される西部

モニュメントバレー遠景

一直線に延びたモニュメントバレーへの道

モニュメントバレーへの道の真中で記念撮影パシャリ!!

劇で数多くのシーンに活写された撮影ポイントであり、近年では映画『フォレスト・ガンプ』のクライマックスの舞台となったところでもある。恐縮ながら、ナバホ族の居留地というより、後者の場面に強く惹かれる。この土地に立つことができたことは、身に余る光栄と感じた。映画のスクリーンで見たのとは異なり、実際の土地の広大さは驚きに値する。気宇壮大だ。

なお、この地で注意が必要なのは、入境にはマスク着用が絶対条件だったことだ。現在、米国内では多くがマスクフリーであり、個人に委ねられているが、この地は違った。

❾ ホースシューベンド（アリゾナ州）

グランドキャニオンに連なるコロラド川の周廻地《しゅうかいち》。地球の芸術作品のようだ。筆者はこの観光ポイントの地図上の位置を勘違いしていた。

300mの真下にコロラド川の水面を恐々と見る

ホースシューベンド
500万年にわたるコロラド川の侵食の歴史が見える

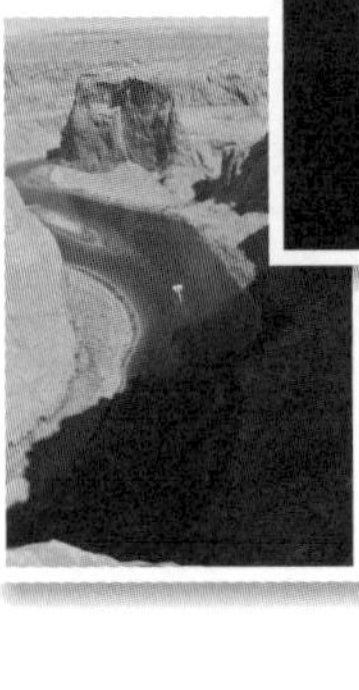

時に水面をモーターボートが走る

この景勝地は、グランドキャニオンの付属的名所だと思い込んでいたため、後日行く予定と考えていた。ところが、ナビをセットしていたら、レイク・パウエルRVパークから10マイル程度の距離に隣接して、件のベンドが鎮座していることを知り急遽この日の訪問地に加えた。500万年前からの地球の営みの結果、コロラド川の周廻地として大景観を呈していた。ここの展望台は、コロラド川の水面まで300mほどの高みにある。展望台以外には、防護柵はない。元来、高所は大嫌いなので、正直怖い。でも毎年転落事故を経験していながら、全面に防護柵をしない管理体制に、この国の自己責任の妙が見える。「自由」はそれほどに重いようだ。

⑩ グランドキャニオン（アリゾナ州）

　グランドキャニオンの物凄さを、自分の足で踏みしめることができ

カイバブトレイル
谷に向かって切れ込みが
見える

グランドキャニオン
カイバブトレイルの道筋

コロラド川までこんな
風に下って行く

たことが非常に大きな収穫であり、喜びだ。

我が人生2度目の訪問である。前回は、マザーポイントからの眺望を眺めるだけだったので、あまりにもったいないと感じ、次回は絶対に自分の足で渓谷を踏みしめようと誓った。

今回その機会に恵まれたことから、サウス・カイバブ・トレイルの0.9マイル地点までを歩こうと決意し、日の出前にRVパークを出発してきた。メンバーは各人の脚力に応じて随時引き返すことを了解しあった。ただしトレッキングシューズを持参しなかったことが災いして、非常に歩きづらかった。果たして、かなり下ったと思ったが、0.9マイル先のオーアーポイントには到達せず、帰路の登りを考慮して引き返した。当初の目論見通り、我が足で渓谷を踏みしめた実感を得ることができた。壮観なり。

⑪ ルート66部分走破（アリゾナ州）

懐かしの旧道・ルート66をセリグマンからキングマンに抜ける90マイルの旅。

セリグマンとハックベリーの町のジェネラル・ストアに立ち寄り、往時をしのんだ。

⑫ ピエドラスブランカス　（カリフォルニア州）

ここはゾウアザラシの群棲地だ。6月9日モンテレーからピズモクリークへの移動時に立ち寄った休憩地。全く何の予備知識もなく、単に運転が疲れたので休憩地として立ち寄ったところが、その昔の灯台の地だったことと、それ以上にアザラシ、オットセイ、ゾウアザラシ等々が甲羅干しをすることで有名な海岸地であった。四つ足の大型獣

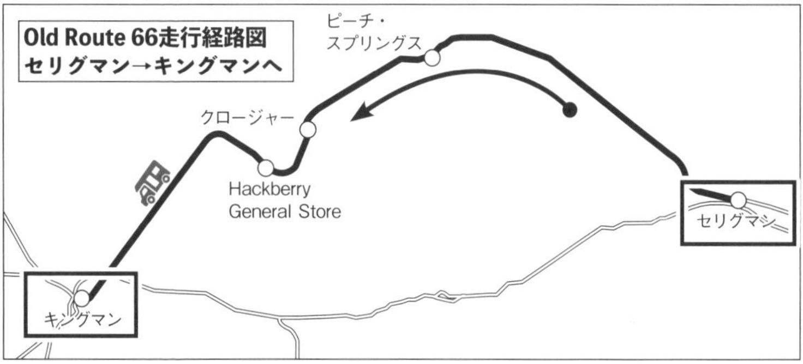

Hackberry
General Store

Seligmanの街中

上部の写真は、Seligman の古き良き時代を彷彿とさせる写真である。それ以外の写真は、途中で立ち寄った Hackberry の General Store 外部のたたずまいと、店の中の非常に Deep な 1960 年代を思い起こさせる猥雑なインテリアだ。実のところ、もっと猥雑な写真は別に保存してある

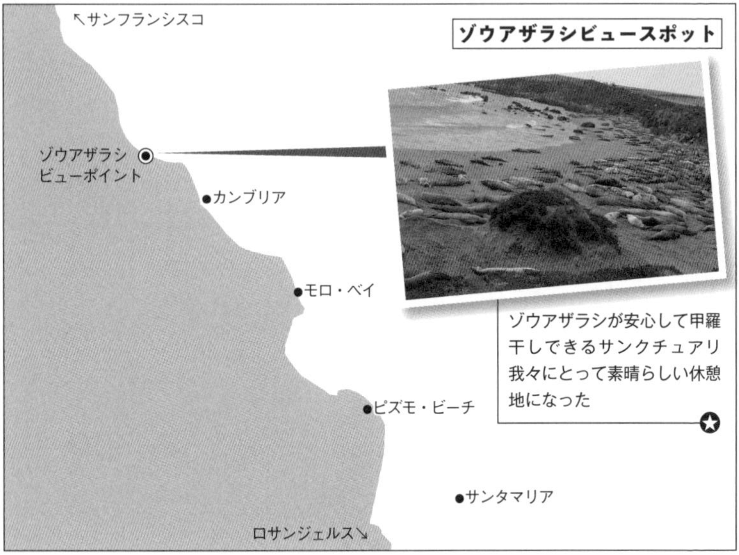

にはそれなりに接近遭遇できたが、海生のそれにはほとんど遭遇してこなかったので、一気にまとめての遭遇ができ、非常に嬉しい貴重な休憩時間を楽しむことができた。

人生のマイルストーン

第6章

エポックメーキング

――冒険行で知ったアメリカ――

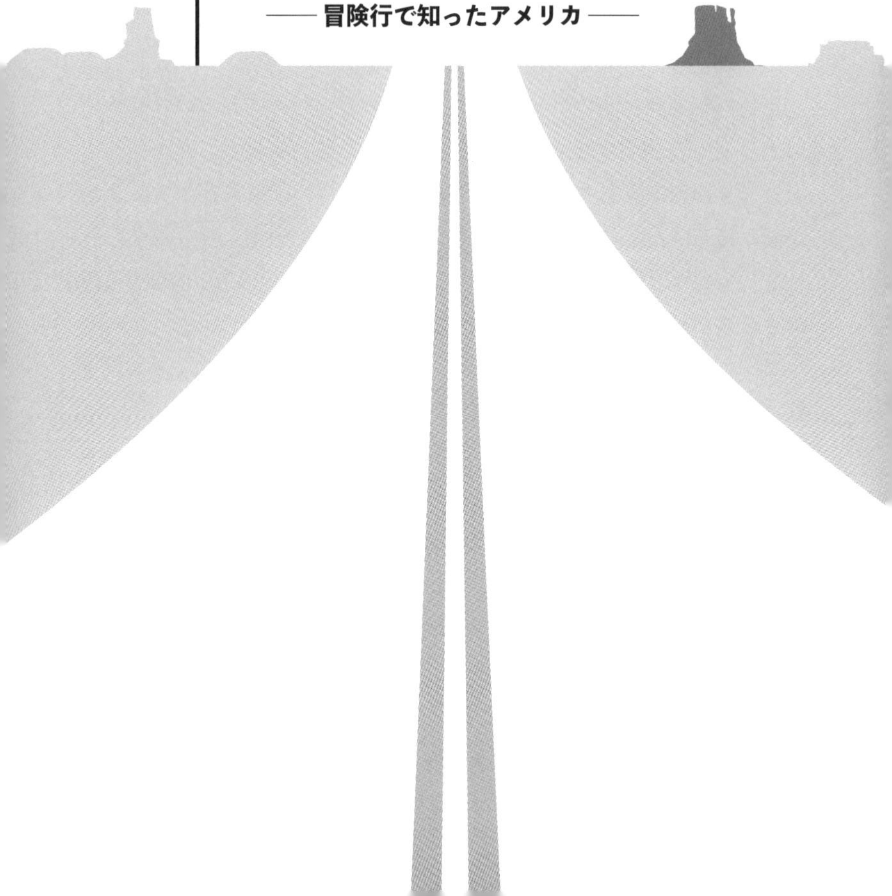

MILESTONE 23 北米大陸横断冒険行「旅の友」

❶ 運転中の居眠り防止薬

米国では薬局で普通に売られているサプリメントを使ってみた。

コーヒー1杯分のカフェインの錠剤とのことだが、毎日の運転時に眠気を排除して、十分に覚醒するのに威力があった。ドライバー全員がこの錠剤の恩恵にあずかった。これなくしては、無事故で1万㎞超のドライブはできなかっただろう。記憶では、100錠入っていて8ドルくらいの売価だったか？

現地の薬剤師に聞いたところでは、1錠あたり4時間程度の覚醒作用があるとのことだったが、筆者には、1～2時間の薬効だった。それでも、自身の運転責務は十分に果たすことができた。午前と午後に運転が割り振られた際には、午前1錠、そして午後1錠を服用した。何といっても、昼食後の深淵な沼に引きずり込まれるような野蛮な睡魔から、我が身を適切に守ってくれた力強い友である。

❷ 就寝時の睡眠ホルモンの補充サプリ

上記の覚醒サプリとは真反対の薬効のサプリメント。睡眠ホルモン・メラトニンの補充サプリメントだ。使い方に2つの方法がある。

その1つは、渡航時の機内での服用である。まず機内サービスが始まったら、ブラッディマリーを2杯飲む。そうこうしているうちに食事が出されるので、すべてを食べ尽くす。あとは眠るだけである。そのようなときに1粒服用すると、1～2時間は結構熟睡できること請け合いだ。こうして機内で眠っておくと、時差ボケはかなり解消できる。ま

た、睡眠薬ではないので、中途覚醒しても気分は全く不快にはならない。筆者の経験では、過去に1回だけ眠剤を処方してもらい服用したが、中途覚醒してひどく気分不快に悩まされた経験がある。

服用法その2；渡航先で夜中に目が覚めたときに、1粒服用する。米国の場合は、時差の関係で午前2時ごろにパカッと目覚めることがよくある。そのようなときに服用するわけだ。そうすると、朝までそこそこよく眠れる。時差ボケで悩まされることがない妙薬である。

これも96粒のパッケージで、やはり8ドル程度だったか？　いずれにせよ、さほど高価ではない。

❸ 筆者が涙が出るほど重宝した、とっておきグッズ

郊外のDIYショップでも「震災グッズ」のコーナーに置いてあるし、オンラインショップでも扱っている。お試しあれ。それは「シャワーウォッシュ」と称する旅グッズだ。

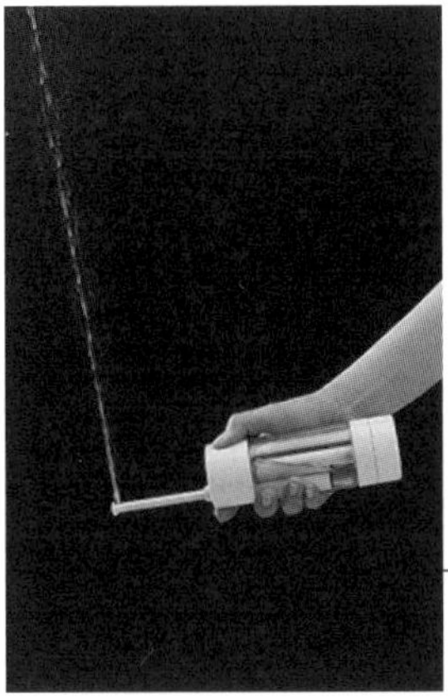

シャワーウォッシュ

MILESTONE 24 米国のモーターホームの種類

❶ 米国におけるRV事情

一般的にはRVとはアウトドアを主目的とした車であり、宿泊設備を有しているものを指す。米国ではRVing（アールヴィング）なる言葉があり、RV車でキャンプに出かけることを意味している。モーターホーム、キャンパーバンなどに区分されるが、SUV（スポーツ用多目的車）は宿泊設備がないことからRVには区分されていない。なお、米国ではピックアップトラックが多く生産されている。この車は貨物車であることと同時にトレーラー型RVの牽引車として用途が確立しており、RVの近縁車に区分できようか。

キャンパーバンは、既存のワンボックス車に居住設備を架装したもので、小型で運転しやすいRVだ。古くはダッジのロードトレックに代表され、米国規格ではクラスBに区分される。なお、キャンパーバンは、夜間の駐車規制が適用されない便利さもある。つまり、どこに停めても法的には問題がない。ただし、治安の観点からは、適切なRV

我々がレンタルしたクラスC
モーターホーム

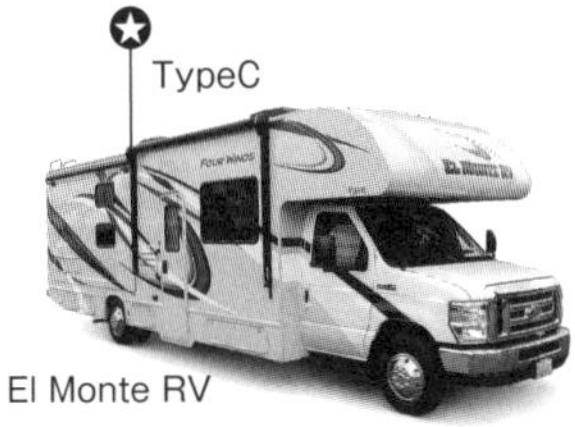

パークで夜を過ごされることをお勧めする。

モーターホームは、米国規格協会で居住部分の架装の違いからクラスAとCに区分されており、エンジンと運転キャビンの付いた自走式のものを指している。他に牽引型のトレーラータイプもRVに区分される。宿泊設備はいずれも2〜10人分程度のベッドが装備されている。

❷ レンタルRV事情

全米では、一説によればおよそ850万台のRVが稼働しており、レンタルRVは、そのうちのどれほどの数に上るのかは手元にデータはない。安全・安心で旅の目的をかなえてくれる車種とレンタル会社を適切に選択することが重要だ。全米をネットするレンタル会社は複数あるので今回はそのうちの1社を選択し、契約を行った。RVの利用目的を整理し、明確にすることが最も重要である。

なお、レンタル料金だけの比較で、レンタル元を選択することは一考を要することだ。比較的新しい車を投入している会社もあれば、そうでないところもある。米国ではロードサービス・ネットワーク（日本のJAFに相当）はかなり充実しているが、人里離れた場所で立ち往生するリスク回避のためには、応分の負担も考慮しておく必要があろう。

❸ モーターホームの生活

すべてのレンタルRVが同じ設備とは言えないが、筆者がレンタルする車種・グレードは毎回おおむね同じ設備のものを利用している。先に書いた通り、RVパークに到着したらエンジンを切る前に、スライドアウト（居間やベッドルームの部分を外に張り出す装置）を作動して室内空間を広げる。次に電気と水道を接続し、排水管をつなぐと、即RVが静かなホテルと化す。冷・暖房も意のままだ。室内のクリア・ハイトは2mあり、大人が立ったまま快適に移動できる。さらに寛ぎの場を工夫する。時にはBBQ用の火を熾《おこ》し、晩餐に備える。調理設備は、三口のガスコンロ、ガスオーブン、電子レンジなどが装備されており、どんな料理でも可能だ。また背丈ほどの冷蔵庫と冷凍庫も設備されていて、生鮮食料の保存も大丈夫だ。

ゆったりのんびり
RVパークライフ

モーターホーム内の三口のガスコンロ、冷凍庫・冷蔵庫などその大きさが把握できよう！

電気炊飯器も利用でき、日本と全く同じ生活を送ることができる。なお、RVパークによってはクワイエットタイム（Quiet Time）を設定しているところがあるので、その時間になったら静穏にすることも必要になる。もし電気の接続ができないサイトの場合は発電機を使うが、クワイエットタイムには停止させる配慮が必要となる。

一般に日本人の発想では、キャンプ（レクリエーション）に出掛けることは非日常性を求めることにあり、多少の不便さを楽しもうという心づもりがノーマルと言えよう。一方、アメリカ人のRV生活では、日常の便利さは何一つ欠けることがない生活を継続することに発想の原点があるように推測される。したがって、この発想の違いがRV車の装備に如実に表れている。テレビも、DVDも、ゲームすらをも楽しむことができる仕様となっている。

❹移動中のトラブル

RVで旅をしている最中に、メカニック的なトラブルが発生した際の対処法を解説する。日本のJAFに相当するAAA（トリプルA全米自動

レスキュー車。パンクしているときには後光がさして見えた

車協会）は同協会の有料会員に対してのみ対応することがミッションであり、注意が必要である。

ではレスキューが必要な際の対処法は、RVレンタル会社は各社個別にレスキューサービスを展開するロードサイドアシスタンスの会社と契約しているので、ツアー開始前にレンタル会社と事前の確認が必要である。ただし、当然対応は英語だけであり、しかも電話でどんなトラブルが発生したのか、現在地（待機場所）の正確な場所の情報連絡など、英語対応が苦手な人は仲介者を選任して、契約しておく必要があろう。車のトラブルとは別に、体調悪化やポリス対応の要請も、出来ればサポート役を依頼しておくことが重要だ。

MILESTONE 25 米国のRVパーク事情

❶ RVパークの活用

米国では、RV（Recreational Vehicleの略称）とは、ほぼキャンピングカーのことと同義である。さらに米語ではモーターホームと表現されることも先に述べた。このRVに寝泊まりをして、日常を離れ、自由な時間を満喫するのが米国流のレクリエーションだ。では、なぜRVパークが必要かは、米国の多くの州では一定の大きさ、あるいは車体重量を超えるRVの夜間駐車を、法律で規制していることに由来する。加えて治安も大きな理由だ。日本のように道の駅の駐車場に勝手に停めて一夜を明かすことは不可能だ。

全米には、官民合わせて1.5万ヶ所ほどのRVパークが設置されているという。電気、水道、排水口がサイトから提供されるが、それらすべてに接続可能なサイトをフルフックアップ・サイト（Full Hook-Up

Site）という。

この3点を接続すると、RVは快適なホテルに変身する。これ以外には、電気、水道のみ接続可能なサイトや、全く支援設備のない宿泊地も存在する。当然だがフルフックアップ・サイトとそれ以外では、利用料金に差がある。人気のあるRVパークでは、フルフックアップ・サイトをめがけて争奪が行われるときもあるようだ。

❷ RVパーク・ライフ

RVパークでは、チェックインはどこも午後の時間になるが、到着して手続きを済ませ、サイトに移動してRVを停め、電気のコードや水道のホースをつなぎ、そして排水パイプをセットして一区切りになる。あとは、口元に微笑、手にはビールでのんびりと過ごすことになる。ここからが極楽タイムの始まりだ。

朝モヤの中のRV
パーク

Orangeland RV Park
@Los Angeles
最終目的地

Mt.Rushmore KOA Resort
最も過ごしやすく、滞在に適したRVパークだった

RVパークの設備では、プール、シャワールーム、トイレ、コインランドリーなどが標準的に設備されている。また、我々日本の旅行者はその多くが弾丸ツアー傾向だが、日本人以外では数日間、あるいは月単位でその場に留まり、ゆったりとした時間を堪能するのが正調RVパークライフである。

❸ RVパークの課題

安息を求めて行く場所ゆえに違和感を持つような問題に直面することがある。それは、映画『ノマドランド』でも取り上げられたRVパークが季節労働者の居住地に変貌したり、我々が直に体験したところでは移民者のコロニーとして機能している例を見受けた。RVパークをどのように活用しようと、我々が問題視すべきとは思わないが、「安息を求める場」と「生活の場」が同時に同じ空間で機能し得るかが問われているのではないだろうか。都市部で見られた事象である。

MILESTONE 26 アメリカ人の互助精神（Donationship）に助けられた

今回のRVによる旅は延べ35日間だった。その中で発生したトラブルの代表例は次の3点だった。

(1) バックミラー損壊
(2) 後輪のパンク
(3) 後輪のスタック

以上のうち、バックミラーやパンクの修理には、専門のメカニック

が担当して解決がなされた。一方、後段のスタック事故は、人里離れた場所で発生したためお金を出してでもサルベージ・レスキューを緊急コールしなくては、脱出は不可能だと思えた。そんな絶望感の中ではあったが、米国人の互助精神に大いに助けられた。

大絶景の国立公園からの帰路、RVパークめがけて快走をしていた。車窓を通して眼前には、モニュメントバレーもかくやと思えるほどの巨岩が点在する景観が目に入ったので、次のビューポイントに立ち寄り皆で写真を撮ろうと思い立って、駐車スペースに乗り入れた時にスタック事故が発生した。

本道に比べ駐車スペースは1m以上高くなっており、普通の乗用車やピックアップトラックなどは問題なく通過できるが、車体の長さが9mを超えるRVでは車体後部が本道に残り、車体下部を本道に擦り付けた状態に陥った。このため車体の擦れ傷を最小化しようとして、ゆっくり前進しようとしたことから、十分に接地していない後輪（駆動輪）の空転で路盤を掘ってしまった。悪いことに後輪はダブルタイヤで、深さは輪径の半分近くの穴を穿《うが》ってしまった。

筆者はその状況から、サルベージ・レスキュー以外には脱出するすべはないと直感し、かねて契約していたサポートチームに連絡を取った。

しかし、この地はインタ―ネット環境が悪くLINEの交信には難儀を強いられ、同時に現在地の把握にも非常に難航して、脱出ができるのか、かなり絶望的な気分に陥らざるを得なかった。そんな刹那、ビューポイントにおられた現地の方々が駆け寄ってきてくれたのである。これは、こちらが未だ何もヘルプを口にしていないのにである。

そして、ベルトスリングの持参者は、直ちにRVの下部に潜り込みス

リングフックをかけて、ご自身のピックアップトラックで引き出し作業を開始してくれた。しかし、重量に勝るRVはビクともせずスリングは切断してしまい、2本目のスリングを取り出してトライしてくれたが、それも切断の憂き目にあい牽引は断念せざるを得なかった。

次なる助け人は、このRVには油圧ジャッキアップ装置が設備されていることに着目し、車体後部をジャッキアップして、車体を持ち上げ、穴と後輪との隙間にBBQ用の薪を詰め込んで埋めることにより、自力脱出が果たせた。これらの方々の行為は全くの無償行為であり、何らの対価をも求めず、単に為すべきことをした、との爽やかさのみが記憶された。

これは、我々の心にある「義を見てせざるは勇無きなり」との感慨とは異なり、はたまた「人情」とも違うようだ。広大なアメリカ大陸において、難儀している人があれば手を差し伸べる、といった無償の互助精神の発露だと理解された。遠く開拓時代から培われた生存の掟か、はたまた「ノブレス・オブリージュ」の気概であるのか、ともあれ脱出できたことに大いなる感謝を捧げたい。(我々に降りかかった事故と復旧の模様は140ページから145ページを参照願う)

MILESTONE 27 走り通した11,000㎞余

我々の北米大陸横・縦断冒険行は5月10日のニューヨークから始まった。そこから35日間でロサンジェルスまでの11,000㎞余を走り通さなくてはならない。最後の3日間は移動なしのため、実質的には32日間で完走し、単純計算でも300㎞余を毎日走る計算だ。走行データによれば、6月10日までの走行実績で修正すると、総距離11,260.8㎞だったので1日

あたり351.9kmを走り、それを32日間連続した勘定である。日本では到底なし得られない距離だ。ネット上のデータでは九州佐多岬から北海道の宗谷岬までの道路距離が2,960kmとあるので、日本列島を2往復程度移動したことになる。そう考えるだけでも痛快だ。

実際には、1日に平均距離以上の走行をしたのは、399km以下の日が3回、499km以下の日が4 回、599km以下の日が4回、それ以上の日が3回と、32日間のうち14日間にも上る。おおむね2日に1回は平均以上の距離を走行していたことになる。朝起きて、ラジオ体操と食事をして、そして走り始める、といったパターンでやり切った。今にして思うと、大変な強行軍だった。

1日に最長距離を走ったのは、5月13日で710km余の記録が残る。メリーランド州のRVパークを午前6時50分に出発して、ランカススター経由、コネチカット州のRVパークまで走りぬいた。到着は午後9時40分と記録されていた。途中ランカスターでアーミッシュの村を観光したが、それ以外は走り詰めの1日だった。加えて、ニューヨークの壮絶な渋滞にはまり、車線をキープするのが精一杯の状態となって、しかも運転に慣れない時期に遭遇したという、そんな過酷さを乗り越えてきた。

また、アメリカ大陸の広大さは、時速100km（約60㍄）で走行して、何時間か経過しても周囲の景観がほとんど変化なく、単調さに辟易した思いがある。

しかし、毎日の走行距離が予定として組み立てられており、その分は必ず走り切らないといけない旅程であった。

半面、自分たちで組み立てた旅程に苦しめられた、という思いはあまり感じないで済んだ。これは早起きが大きな理由の一つに挙げられ

一直線に延びるモニュメントバレーへの道

都市部のハイウェイでは道は混み、皆先を争って猛スピードで走っている

谷底へ吸い込まれそうな急峻な坂道。ブレーキの多用に注意

よう。メンバー全員が老境に達したと言っても過言ではない年齢構成で、どの人も朝5時ごろに起床することには、あまり抵抗がなかった。従って、余裕をもって支度をし、朝食もゆっくり取って、毎日7時前後には出発することができた。もし若い人がメンバーにいたら、早寝早起きは大問題になっただろうと想像する。

もう一つ課題を挙げると、アメリカの道路は山・谷をそのまま利用して造成したところが多く、谷に向かう際には、あたかも奈落の底に吸い込まれそうな思いをすることが多かった。こんなときに問題となるのは、ブレーキの多用による制動不良である。エンジンブレーキでしっかり制動して、何とか事なきを得た。

MILESTONE 28 米国国立公園内でのトイレのお作法

人間の行動するところ、必ず発生するのが排泄の問題である。したがって、この項目は話題自体が非常に尾籠《びろう》な話で本当に恐縮である。と

アメリカの公衆トイレとしては、非常にきれいなイエローストーン国立公園内のトイレ風景。トイレ内の上部に記述されている注意書きをご覧あれ。

紙が落とされた場合には、非常な困難を押してでも取り除かないといけない事情がありそう ⇒ つまり、アメリカの紙は溶けないのだ‼

はいうものの、人間としての尊厳を守るべき崇高な施設であるにもかかわらず、日の目を見る話ではないが故に、この話題が情報遮断という憂き目にさらされてしまう大きな理由だろう。

本題に入るが、米国の国立公園の存在の根源は、「あくまで自然の掟に従い、人手を加えずに、そのままの状態で後世に残そうというのが根本理念であり、アメリカの国立公園制度である」といわれている。したがって、公園内のすべての施設がその哲学によって運営されている。近年問題になっている山火事でも、その発生が人為的なものでなく、過大な人的被害が想定される場合を除き、人為的な消火作業はなされない。一方、鳥獣等の野生動物に飢餓が迫っているような場合であっても、人為的な給餌は一切されない。この一見冷徹な生存のサイクルを徹底しているのが、アメリカの国立公園だということを十二分に理解

しなくてはならない。また、国立公園の域内では、今もってインターネット環境が整備されていないところもある。

このような状況からすれば当然ながら、人の尊厳を守るべき最後の拠り所たるトイレも、いにしえのスタイルに留まっている。ありていに言えば、日本ではほとんど絶滅したはずの“ボットン便所”が彼の地では現役で頑張っているのだ。しかも、この項目で強調しなくてはならないのは、このトイレでは紙は落とすべからずの作法が求められることである。つまり、持ち帰るか、脇のバケツ？などに廃棄するということを、よく記憶しておかれたい。なお、近年整備された国立公園内のビジターセンターやホテルなどではトイレは当然ながら水洗であり、快適な使用が可能な施設となっている。

MILESTONE 29 シニアの冒険行まとめ

2022年の5月4日に日本を発ち、6月15日には、9名全員で帰国することができ、さらに全行程無事故で完走することができた。この点をもって、我らの冒険行は大成功だったと言えよう。先ずは自画自賛である。

帰国してからのまとめとしては、今回の旅は社会的な要因（外的要因）が大きく作用したようだ。第1には、2月のプーチン戦争に端を発した為替相場の激変である。我々が予算を検討していた2年前には、1ドル105円前後のレートで安定していたが、出発直前になってドルに交換する時期には、すでに130円近くになってしまった。このため、想定よりも旅行費用が大幅にアップした。

第2には、現地アメリカでの物価の高騰である。これも想定外の要因

でかつ生活者としての側面を持つ長期滞在者にはかなり影響が大きかった。食料の購入には何度も現地のスーパーマーケットに買い出しに行ったが、個々の商品が結構高く感じた。なお余談だが、言語学的に厳密な話ではないが、米語ではスーパーマーケットではなく、グローサリーストアーのほうがよく通じた。

もっとシビアだったのは、ガソリンの価格だ。当初の予算立て時には1リットルあたり100円くらいで計算していたが、現地での購入額は驚愕の連続だった。単位は異なるが、当初予算では1ガロン3.5ドルだっ

グランドキャニオンカイバブ・トレイル
このような場所にも落下防止柵は設置されていない

崖っぷちに柵はなし。決して特別ではない

断崖に人影が（◎印）!!

たが実際には4ドルの後半から始まり、ついに7ドル以上に達するほど高騰していた。産油国なのに何故との思いは募るが、クレジットの請求総額をガソリン購入総量で除すとリッター単価は177円になった。無鉛ガソリンゆえに、日本よりもよほど高額である。

次に、無償の支援という事実を記録しておきたい。米国を旅するときに援助（手助け）が必要になることが時にある。米国人の無償の互助精神について述べたが、個人主義の国において無償の援助が気前良く発揮されるのには正直驚いた。ヘルプが必要という前に、互助の手が八方から差し伸べられることを実感として知った。非常にありがたいことだ。

最後に「自由」について一言述べたい。コロナ禍が終息していない時期に我々は渡米したが、日本ではマスクをすることが、国民共通の意思となっている。しかし、渡米後に見たのは、ほぼ全員の米国人がマスクをしないで、通りを闊歩している状況である。米国の文化では、マスクをしない自由、そしてその結果として感染を受けることも自由の範疇に入るということ。また、グランドキャニオンやほかの国立公園でも見られることだが、高所に防御柵がほとんど設置されていない。日本人の観念では受け入れられないが、やはりこれも「自由」に直結する米国民の理念ということになるのだろう。誤解を恐れずに直言すると、「自由は命よりも重い」と言われているように理解する。大きな文化的な差異を、我が身をもって感ずることができた冒険行であった。

人生のマイルストーン

第7章 メンバーのページ

MILESTONE 30

メンバーが紡ぐ「旅」のエッセイ

投稿　第1番　マッチ～（後方支援）

私（マッチ～）の記憶の半分は旅行の思い出です

私（マッチ～）の父は昭和30年代前半、まだ車が身近ではない頃に自家用車を購入し、家族をいろいろな所へ連れて行き、様々な体験をさせてくれました。幼な心に体験する楽しさの芽を植えてくれました。これが私の好奇心旺盛で旅行好きになった原点だったと思います。

この私の性格は子供たちにも影響し、彼らは海外で職を見つけ日本と行き来する生活をしています。そのせいか何事にも動じない、臨機応変に対応できる器用さが身についたようです。きっと孫たちも曾祖父のDNAを受け継ぎ、世界を駆け回る人間に育っていくのでしょう。

私にとって旅行は父、母、夫に、普段口にできない感謝の言葉を素直に伝えられる唯一の機会なのです。両親と行った人生の節目の旅行にも数々の思い出があります。回を重ねるごとに小さくなる父母から「連れて来てくれてありがとう」とお礼を言われましたが、元気でいてくれることに私こそ感謝でした。両親との残り少ない時間の中で、穏やかな思い出を重ねられることが喜びでした。そして夫との旅行は、日頃不平ばかりを投げつけている私が「いつもありがとう」と一言精一杯の気持ちを伝えるためだけに行くのです。

私は、いつの日か世界の美術館を訪ねて名画を堪能するのが夢でした。50歳を過ぎ気持ちに余裕ができるとその気持ちが強くなり、勇気を出して一人でニューヨーク、ワシントンの有名な美術館、博物館をめぐる旅行を実行しました。家族からは心配するより呆れられました。時間の制約もなく美術館の中を行ったり来たりするのはとても贅沢なことでした。

一番印象に残っている美術館は、計画には入っておらず飛行機の機内誌で目にしたワシントンにあるフィリップス・コレクションという小さな美術館でした。アメリカ建国当時に鉄鋼王だったフィリップス氏とその妻が収集した名だたる名画が展示されており、特にフェルメールの3点は創始者の遺言で門外不出とされ、ここでしか鑑賞することができないとのことでした。

鉄鋼王の邸宅を美術館にしたので、成功者だけが住める閑静な住宅街に時代を感じさせるひときわ重厚なレンガ造りの建物がありました。重い扉を開けると小窓から差し込む自然光だけの空間に、シャンデリアのほのかな灯の中に数々の作品が展示されていました。一瞬で建国当時にタイムスリップしたような感覚になりました。

お目当ての作品は、大理石の廊下を進んだ奥の絨毯の床とオーク材の壁の居間に飾られていました。作品正面の古い革のソファに座り、暖炉の上に置かれた夫人の写真を眺めながら当時の暮らしに思いをはせました。フェルメール作品のような柔らかな光が小窓から差し込み、まさに至福の時間でした。

現在は当時の雰囲気を残しながら改築され、フェルメール作品も公開していないので、偶然貴重な作品を見ることができたのは、ほんの少しだけ勇気を出して旅に出た私への神様からのプレゼントだったの

衝動に駆られ、その1ヶ月後にはナイロビ空港に降りたちました。

飛行機から降り建物に入ると、迷彩服を着てライフルを持った肌の色が違う人が鋭い視線であちらこちらを監視している様子に足が震え、未知の体験の始まりを実感しました。到着ロビーで待っているはずのガイドが1時間くらい遅れた時は、このまま彼が現れないかもしれない心細さと自分の無鉄砲さへの後悔が溢れ出ました。空港からタンザニアとケニアの国境付近のロッジまではかなり遠く灯り一つない、まさに漆黒の闇の中を走り続けました。

気持ちが悪くなるほど体を大きく揺さぶられながらずっと心細さと恐怖と戦っていました。もしもジープが横転して大怪我をしたら死んでしまうかも、女性一人だから殺されてしまうかも、などとんでもないことが頭をよぎりました。暗闇のはるか向こうにロッジの小さな灯りが見えた時のほっとした気持ちは、今でもよく覚えています。

翌朝、動物の遠吠えとともに目を覚まし、ドアを開けると朝もやの中に頂上が平らのテーブルマウンテンが見え、時間とともにあこがれの堂々としたキリマンジャロが姿を現しました。ヘミングウェイや山崎豊子が目にした景観が、今自分の目にも映っていると思うと胸がいっぱいになり、少しずつ霧が消え果てしない赤い大地が見えた時、大声で叫び出したい衝動に駆られました。昨夜の命がけのドライブは、この感動を味わうためだったのだと気がつきました。恐ろしかった時間があったからこそ、この景色を見ることができたと思いました。

サファリでは、まるで、動物図鑑に入り込んだようでした。マサイ族の家畜の牛を襲い茂みで子供に食べさせているメスライオン、腹を上に向けて昼寝をしているオスライオンなどライオンの家族を間近で見て、人間の家族と同じだと思いました．陽が沈む頃、こちらを大き

な鋭い目で睨みつけ、太い鼻を振り回し、雄叫びを上げてジープの前で砂ぼこりを巻き上げながら移動するゾウの群れが圧巻でした。

様々な生き物たちに気持ちが高揚しましたが、一番印象に残っているのは、マラ川でのヌーの川渡りでした。まだ暗いうちにヌーの渡川ポイント目指して悪路を走り、太陽が昇り始める頃川岸に着くとすでに多くのサファリカーが集結し、車上に座り込み、今か今かと渡川の瞬間を待っていました。巨大な望遠カメラを設置してある車もありました。ヌーは明け方から静かに集まり始め、日が昇ると巨大な牛壁となって向こうの川岸に延々と姿を現しました。まるで万里の長城のようでした。川を挟んで人間と動物が対峙する様は、戦国時代の戦の開始のような緊張感がみなぎっていました。先達が足場を慎重に何度も確認し、全頭が渡り切れる瞬時のタイミングを見極めている様子が対岸からもよく見えました。私は、野生動物の高い判断能力と強い責任感を持ち合わせている行動をこの目で見ることができ大興奮、そして感動しました。

先達は何度も渡るそぶりは見せるのだけれど機が熟さず、その日は渡りませんでした。アフリカの大地は見るもの、体験したことすべてが五感を刺激し、地球の多様性を教えてくれました。

70歳に近づいた最近は好奇心や気力などの容量はかなり残ってはいるけれど、体力、能力に不安を感じています。特に、時間が砂時計のように滑り落ちていき、今後は新しい体験や、心が震えるような景色に出会えなくなると思うと、とても悲しく寂しくなるのです。

人生の締めの旅は必ずしたいので、これ以上旅に必要な能力が減っていかないように日々の生活の中で急速充電し、自分をアップデート

させていかなければと思っています。

テリーより

マッチ～は、メンバーとして十分に活動してくれました。しかし、出発間際になってもコロナ禍が終息しない状況から、ほかのメンバーに迷惑をかけられないと自主的に参加を見合わせる決断をされました。非常に残念でしたが、後方支援部隊として日本に残り、留守を守っていただきました。なおマッチ～は、2023年9月にまた一人旅で南アフリカを周遊されました。ボツワナ、ジンバブエなどを駆け足でまわられた由。ガッツある人生ですね。

★投稿　第2番　ケイコちゃん（2号車）

じじばば旅行記　つれづれなるままに

●不安

出発前のミーティングで10回ほど顔を合わせただけの人たちと1ヶ月半も一緒に旅を続けられるだろうか？　ましてや私(ケイコちゃん)は女1人で途中からの参加、仲良くしてもらえるだろうか？　好奇心だけで参加してしまったけれど、みんなに迷惑をかけてお荷物になってしまうのでは？

旅立つ前にはそんな不安で「やっぱりあきらめよう」と布団の中で何度も悩みました。しかも私は家族からも訴えられるほどの激しいイビキをかく（そうです)。キャンピングカーの中でそのイビキが響き渡ったら恥ずかしい……。

●相部屋

サッちゃんと私はお互いに1人で参加した女性メンバーでした。成田に向かう新幹線で初めて隣の席に座り自己紹介をし合ったという仲なのに、ロスやマイアミのホテル、マイアミからニューヨークに向かう寝台列車アムトラック（Amtrak）の相部屋までしてもらい、ずっとべったりとお世話になりました。

冷静沈着なサッちゃんを相手にとりとめのないお喋りを続ける私に、

呆れることなく最後まで付き合ってくれてありがとう。おかげで32時間半余りの列車の旅もそれほど長い時間とも感じずに過ごせました。

●ダブルベッド

キャンピングカーでは2号車に配属された私。同じ2号車のちーちゃんと、なんと一番上等な車後部のダブルベッドに寝かせていただけることに。

But、きっとちーちゃんも「どうしよう」と心配だったでしょうね。お互いに「イビキかいたらごめんなさいね」「私も寝相悪かったらごめんね」と言いながらダブルベッドに飛び乗りました（アメリカンサイズのためチビの私たちには高すぎる!!　なかなか簡単には飛び乗れませんでした）。

幸いなことに、サッちゃんもちーちゃんもベッドに入ったら即眠りに落ちてしまう方たちだったので、イビキは聞かれずに済みました（そう願っています）。

●高さ

「ケイコちゃん、棒もってきてー!!!」

旅行中何度か聞こえたこのセリフ。何かと言えばランドリールームの洗濯槽が深すぎて、チビの私たちには底にある小さな洗濯物（ソックス、ハンカチ等）に手が届かないのです。日本の洗濯機ならこんなことはないのですが、アメリカ製だとこむら返りになりそうなくらいつま先立ちになり、手を伸ばしてもそれが取れないのです。そんな時、先ほどのちーちゃんの声がかかり、ハンガー等でたぐり寄せて事を済ませるのでした。

あとRVパークの洗面所でも笑ってしまったことがありました。ちーちゃんと私の目の前に、鏡がずらっと並んでいたのに、その位置があまりにも高すぎて2人とも顔が鏡に映らないのです。頭の先っちょだけがなんとか映っていて、2人で「ばかにしてるよね」と捨て台詞を吐きました（あちらからすれば規格外れは私たち？）。

●英語

全く自信がなく行ってしまったけれど　なんとかなりました。でもそれはメンバーがいてくれたから……。

テリーは知っている限りの単語やフレーズを使って様々な交渉をし、難題をクリアしてくれました。サッちゃんはアムトラックの中でも英語の勉強をしていたし、電子辞書も持参してわからない単語をすぐ調べてくれる。そんな2人につい頼ってしまっていたのです。

旅の途中で知り合ったアメリカの方たちとも何度かおしゃべりをしましたが、簡単な会話しかできず深い話がしてみたいとつくづく痛感しました。そう言えば、旅行中ランチタイムに立ち寄ったファストフードのお店でのこと。日本で言うところのフライドポテト（あちらではフレンチフライズと言うそう）を注文してみました。発音も難しそうだったのでマスクも外し、しっかり口元を見せて注文したのですが……。出てきたのは、なんとデーンと大きな丸っこいベイクドポテト!!負け惜しみのようですが、これはこれでとっても美味しかったです!!!

1ヶ月半も本場の英語に浸っていたのだから、だいぶ耳も慣れただろうと帰りの機内食注文の際“Apple or Cake？”と聞かれた気がして、自信満々で“Apple Please!”とオーダーしたところ、出てきたのはWaffle（ワッフル）でした……。まだまだ修行が足りないようです。

●優しさ

海外の方々から言われる言葉でよく聞くのが「日本人は優しい、親切だ」です。けれどこの旅でつくづく知ったのはアメリカ人の優しさ、困っているときには絶対に手を差し伸べてくれる、ということでした。

アメリカに着いてすぐ、メンバーの1人がロスの空港のエスカレーターで重たいスーツケースもろともひっくり返ってしまい、そのままの状態で上まで上がっていってしまいました。その時その場にいた筋肉隆々の男性がすぐに駆け上がって助けてくれました。

キャニオンランドで後輪が穴にはまってキャンピングカーが抜け出せなくなった時も、こちらからお願いせずとも2組のアメリカ人が助けてくださいました。お礼に持ち合わせのバナナしか渡せませんでしたが、涙が出るほど嬉しかったです。

乗ろうとしている電車の行先がはっきりわからずオロオロしていた時にも「何かお困りですか？」と声を掛けてくださった方、RVパークのシャワールームでは冷たい水で私たちが困らないようにと、先に来ていたアメリカ人の若いママが「お湯になるように出しておくね」（たぶんそう言った）と蛇口をひねっておいてくれました。ランドリールームでも「ここの水の性質上、生地が変色するから白い物は洗わないほうがいいよ」（と言っていたような）と詳しく説明してくれました。などなど、いつでもどこでも身にしみる優しさに触れることができました。

これからは私がお節介おばさんとして実践していこうと固く誓いました。

●食事

これだけ長いこと海外にいるとなると「日本食恋しくなかった？」

とみんなに聞かれます。しかし今回の旅はほとんどが自炊生活、しかも日本食。怠け者の私などは「簡単にレトルトで」などと思ってしまうのですが、ちーちゃん、はっちゃんは違います。絶対に手を抜きませんでした。

朝食のトーストにはのせる物を用意し、しっかりサラダも付ける、あとはコーヒー・ミルク・ジュースも。

夕食では3合炊きの電気炊飯器が大活躍。親子丼、カレーライス、肉じゃが、だし巻き玉子焼き、アスパラやオクラのお浸し、炊き込みご飯、味噌汁。日本蕎麦も素麺も何度も食べ、なんとキャンピングカーのキッチンで天ぷらまで揚げてくれたのです。

しかしひとつ失敗したのが、すき焼き。もちろん美味しくいただいたのですが、その写真をLINEにアップしたところ1号車のテリーがビックリ!!　2号車の4人全員が生卵を食べていたのです。日本では当たり前の生卵付きのすき焼きですが、海外ではサルモネラ菌が心配なので食べてはいけないとのこと。知りませんでした……。幸いなことに誰もお腹は壊しませんでした（なぜか、じじばばなのに強い!!）。

道中の食事事情で思い出すことと言えば、おにぎりとバナナ。女性陣はたぶん一生分と言えるくらいたくさんのおにぎりを毎晩握り、ドライバーが運転しながら食べられるようにと後方支援をしました。

皮をむくだけで口に放り込め、しかも大変甘くて美味しいアメリカのバナナはスーパーに入ると毎回先ず最初にカートに大量にのせました。

●My Family

この1ヶ月半もの長旅に私を送り出してくれた我が家族。私のわがままを許し、そして協力してくれて本当にありがとう!!

私が本当に参加するとは思っていなかった夫(とーさん)。行くと決断したことを告げると困り顔で「俺はどうするだー？」(遠州弁)。その時長女が「3人で何とかするだよ」と言ってくれました。次女を含めた3人で幾つかのいさかいがありながらも、なんとか乗り越えてくれたのでした。

旅発つ日には、とーさんが掛川駅まで車で送ってくれ、いつも通りのぶっきらぼうな言い方で「気を付けて行ってこいよ」と、御守りを渡してくれました。こんなに優しいところもあったのです、無事に帰ってきてあげないと。

旅のメンバーからも「ケイコちゃんの旦那さん、本当に理解のある人だね」と、何度も言われました。確かにそうです、心しておこうと誓いました（その時はね)。

道中一番堪えたのが、旅の前半に娘からのLINEで、「孫が淋しそうで元気がない」と聞いた時でした。LINE通話ができる場所で孫に「死んじゃったわけじゃないからね、もう少ししたら帰っていっぱいアメリカの話、してあげるでね」と慰めてあげたのですが、いざ43日ぶりに帰ってみると、あんなに淋しがっていたという孫はもうすっかり私のいない生活に慣れたようで「また、もっと長い旅に行っておいで」とまで言ってくれました（トホホ、あんなに私も悩んだのに)。

●大谷さん

6月12日　この日はアナハイム球場にエンジェルスの試合を観に行く日。前々日にはアナハイムのRVパークに着いていたので、11日には下見で歩いて球場見物に行ってきました。道中いたる所に大谷君のでっかいポスターやら幟《のぼり》がはためいていて、もう明日の試合への期待

で胸はワクワクです。球場の周りで写真をたくさん撮り、帰り道ではアナハイム駅の中でとっても美味しいシャーベットも食べ、翌日の応援に備え早く寝ようと思っていたのですが……。なんと球場のほうから花火がドンドンと上がっているではありませんか。試合はエンジェルスが勝ち、大谷君もホームランを打ったとのこと。もうこうなったら明日も頑張ってもらわなくてはと、「大谷翔平」と書いたプレートを手書きで作り持参することにしました。

試合当日、とーさんから頼まれた大谷君のキャップを買い、国歌斉唱で盛り上がるセレモニーも終わり試合が始まりました。ところがオーマイガー！　この日、大谷君は欠場だったのです。嘘だ!!　途中からでも出てください、と願っていましたが、最後の最後、次打席ボックスに大谷君がチラッと出ただけで打席には立ちませんでした。ほんと～に残念でしたが、ここまで無事に旅を続けてこられただけでもハッピーなのに、これ以上欲をかいたらいけなかったのかも。

しかし後日、私たちが観戦していた試合のＢＳ放送を友人が録画しておいてくれ、しかもその画像から後ろ姿の私たちを探し出してLINEで送ってくれたのでした。「ありがとう、すっちゃ!!!」（友人のニックネームです）。あの画像は宝物です。

●Members

テリー

我らがボス。テリーがこの冒険旅行を思いつかなければ、あり得なかったこの話。本当に綿密な計画を立て、そして実行。道中はいつも次の目的地へのチェックを欠かさず、それでいてこの旅を心から楽しんでいました。

物見遊山で参加していた私などと違い、最後まで全員が無事にという相当なプレッシャーを抱えての毎日だったことでしょう。何でもこなしてしまうテリーではありますが、RVパークのお風呂帰りはいつも道に迷って、車まで戻れずに難儀しておりました。

サッちゃん

サッちゃんがいなかったらこの冒険旅行は完結しませんでした。5月12日、忘れもしない、サッちゃんの大型キャンピングカードライバーデビューの日。片側6車線もあるハイウェイの車線変更だなんて私には100年かかっても無理。それを彼女は運転2日目で難なくやってのけたのです。足がすくむような断崖続きの険しい道も、一度も弱音を吐かずに完走してくれました。

また、サッちゃんはどこへ行っても積極的に現地の人との会話に挑戦。アクシデントが起こるとすぐに対処法を考えて即実行に移してくれる。話だけ聞くといかつい女性を想像するかもしれませんが、実際のサッちゃんはユーモア溢れる優しくて可愛いお姉さん。

はっちゃん

テリーの奥様。はっちゃんがこの企画にYesと言ってくれなかったらテリーは諦めていたはず。亭主関白？のテリーにしっかりと寄り添い尽くす理想の妻。可愛いえくぼと、限られた食材で工夫して作る美味しいお料理、そして優しい包容力。旅の間はずっとビデオカメラを回して撮ってくれていました。早歩きのテリーにくっついて、重たい荷物をかついで進むはっちゃん素敵!!

帰国してからも女性メンバーを自宅に招いてくれ、ふかふかのお布

団で泊まらせてくれます。いつまでも、そう一生お世話になりますよ。

信ちゃん

グループのムードメーカー。美顔コスメは女性メンバーよりたくさん持参しており、洗面台にズラリとそれが並んでいました。ランドリールームではガールズ？トークに参加してくれましたね。

ユキちゃん

信ちゃんの奥様。行く先々の絵葉書をたくさん買っていました。

職業柄多くの観光地を訪れたそうです。羨ましい!!　いつもご夫婦仲良しで片時も離れず……それも羨ましいです!!

ジュンちゃん

大先輩にもかかわらず気安く、優しく接してくださいました。自称「民藝を愛するドキュメントカメラマン」(確かにその通り)。大好きなソニー・ロリンズの曲を聴きながらのハイウェイドライブには心が震えたそうです。行く先々でシールを探してセンス良くスーツケースに貼り付け、時折それを眺めてニンマリとしているジュンちゃんを何度か見かけました。犬を連れた人を見つけるとそれを糸口に仲良くなり、バナーのサインの多くはジュンちゃんの行動の賜物。アメリカ女性を“チャーミング”（独特の発音で）という殺し文句で口説くちょい悪オヤジ。たくさんの趣味（ライフワーク）を語る時の目はまるで少年。

まっさん

同じくドライバー兼カメラマン。1日の写真撮影目標枚数は1000枚!!!(実際999枚の撮影日もあったそうです)

メンバーの男性陣皆さん大変優しかったのですが、まっさんはフランス生活を経験されたせいか真のジェントルマンでした（何回か道で花を摘んできてくれたり、暗い道では迎えに来てくれたり）。

バックミラー補修時には瞬間接着剤で親指と人差し指がくっついてしまい、もう少しでカッター手術をされるところでしたね。またメンバーでただ1人RVパークのプールで2回も泳いでいました。しかも見事なバタフライで。朝早くから夜遅くまで撮影し、時にはリモートで仕事までしていたタフマン。奥様は同行していませんでしたが毎日のLINEを欠かしませんでした（らしいです）。

ちーちゃん

2人してダブルベッドで寝た仲。ちーちゃんだからこそこんな私との43日間もの密着生活を我慢してくれたのだと思います。旅の初めの頃ちーちゃんから「ケイコちゃん、まだ私に気を遣ってるよ」と何度も言われました。そういった言葉で2人の関係を早くなじませようとしてくれていたのです。歳はそれほど違わないのにまるで姑に家事を教わるようにいろんなことを仕込んでいただきました。また人生のことも……。

旅行中の夜の宴ではち～ママとして、上手に酔っ払いをあしらいながら場を盛り上げてくれました。

私生活では数軒の美容室のオーナーで現役のヘアスタイリストとしても活躍中。 帰ってから、ちーちゃん仕込みのお料理を作ると家族が大喜びしてくれます。

山崎さん（山ちゃん）

ニューヨークからシカゴまでを同行してくださり、初心者の私たち

にいろんなことを指導してくださった方。キャンピングカー生活のプロなのでお話も面白く知識も豊富。荷物もコンパクトにまとめ車中では寝袋でスマートに眠っていました。アメリカの美味しいピーナッツバター、丈夫なアルミホイルも教えてくださいました。

ただ一つ残念なことが……。スーパーマーケットで山ちゃんが「水」と思ってカートに乗せてくれた1ガロン（3.87リットル）の容器。蓋を開けてみたらお酢でした!!!　しかも2ガロンも……使い切れませんでした……。

●最後に

この冒険旅行に参加できたのは何よりもありがたいことですが、それ以上にこのメンバーに巡り会えたことが最高のプレゼントです。あの時諦めずに参加して良かった!!　あきらめなかった自分、そして旅をやり遂げた自分を誉めてあげましょう。

それから後方支援をしてくださった皆さんにも大変お世話になりました。皆さん、本当にありがとうございました!!!

テリーより

ケイコちゃんは、我がメンバーの中でヤンゲスト（最年少）のババちゃんです。彼女の文章の通り、存在そのものが笑いとペーソスに溢れており、その身をもって一心にメンバー相互の接着剤として活躍してくれました。まるでコマネズミのように活動的で、時々1号車に遊びに来て、にぎやかな笑いを振りまいてくれました。ほんとにご苦労様でした。

投稿　第3番　サッちゃん（1号車）

人生最高のアメリカ旅

うわぁー、テリーと2人で交代しながらも11,000km余の運転をやり通した。

現地に着くまでは、あくまでも補助運転手のつもりだったのに、いきなりニューヨークの街をキャンピングカー（モーターホーム）で運転し始めるとは何ということか。排気量6,000cc、全長9.5m、全幅2.5m、日本では私（サッちゃん）の免許証では絶対に運転することができない車の大きさだ。細心の注意を払い、センターラインを目安にして、以後は4人の仲間を乗せ事故のないように運転する日々だった。

日本での私の車は、セダンで1,500ccの小型乗用車。ブレーキも車体が軽いため直ぐに効く。私がキャンピングカーを運転する時は、助手席に座るテリーからの的を射た指示に耳を傾ける。「ブレーキは早め、カーブは後輪のタイヤがセンターラインや路側帯からはみ出さないようハンドル操作を的確に!!」と。

ニューヨークを起点にしてアメリカ大陸を横断、そしてイエローストーン国立公園からは南下して縦断し、ロサンジェルスに到着。日本の国土の26倍の広さのアメリカ合衆国。大都会では高層ビルが林立し、人出が多く、夜景はまばゆいばかりの光の海、ハイウェイは片側4車線から6車線で車が縦横無尽に走り抜けている。運転マナーは必ずしも悪

くはない。でも、都会地では、みな狂ったようにぶっ飛び運転をしている。田園地帯へ行けば緑が溢れんばかりで、人家はちらほらという所もあって心が和む。アリゾナ州、ユタ州あたりでは荒野の中を1本のハイウェイが走り抜け、人家など全くない所もあった。道路に沿った鉄道線路では、長い長い貨物列車と並走することもあった。貨車の数を数えてみたが余りの多さに途中でわからなくなった。

日々新たな目的地に着き観光した際には、なるべく現地の人と会話をするよう心がけ、自分の初心者英語力を試してみた。通じたときは嬉しくて会話の時間が少し延びた。

私が8年前に一人でアメリカ本土を訪ねた時は、駆け足の1週間旅行でサンフランシスコ、グランドキャニオン、セドナに行っただけだった。今回のキャンピングカーでの1ヶ月あまりの見聞で知り得たことは、親切な人が多く、人柄が良い場面に何回も出会えたことだった。スーパーマーケットで「コンソメスープの素」を捜しているという私の拙い英語を理解して、売り場まで案内してくれたことが思い浮かぶ。ニューヨークのワールドトレードセンター跡地の犠牲者名簿には生年月日が刻まれていて、故人の誕生日には白バラが一輪挿されていた。亡くなった人と惨禍を忘れないための行為のようだ。

世の中、日進月歩でクレジットカードや携帯電話にはいろいろな機能があって、私たちジジババはついて行くこと自体が大変な日々である。思い起こせば、キャンピングカーを駐車場に駐め、電車で移動した際に、切符は車内で車掌さんから買うように教えられたものの車掌さんは来ず、結局、ただ（無賃）で目的地まで行けたこともあった。このことは「うふふ」とほくそ笑むでき事だったが、今どき、乗車券の自販機が設置されていない鉄道駅もあったのだ。

「馬には乗ってみよ、人には添うてみよ」という諺があるように、現地に行ってみなければわからないことがいっぱいある。アメリカ大陸の広大さゆえに季節の移ろいを肌で感じ、言葉では言い表せない感動を60代の最後に、仲間8人と延べ43日間の旅で体感し得たことは、私の人生の中で最高のイベントになった。

テリーより

サッちゃんは、少し寡黙で内に底力を秘めた女性である。何と言っても彼女がいたからこそ1万㎞もの行程を無事に走り切ることができた。彼女に少し申し訳ないと思うのは、この先あまり難しくない道が続くだろうと予測して筆者とドライバー交代をしたが、その予見がことごとく外れてしまったことである。運転を代わったと同時にニューヨークの超絶大渋滞に遭遇したり、イエローストーンのまるで逆《さか》落としのような狭くて急坂な山道に入ってしまったり、運転では全くご苦労をかけてしまった。お疲れさまでした。

腕太の“飯場のおっかさん”風情を想像されるかもしれないが、楚々としたチャーミングなババちゃんである。

★投稿　第4番　きよべー、いちべー（後方支援）

レクリエーション

※文　きよべー　PC入力　いちべー

私（きよべー）が45年以上長く関わっているのがレクリエーションです。レクリエーションとの出会いは仕事場の研修でした。当時、幼稚園で勤務していた私はレクリエーションの「人を惹きつける力」に魅了され、子供たちのやる気を引き出すレクリエーションに感動していました。毎日の生活に仕事だけでは駄目、レクリエーションを入れなくてはと言っていた私の大好きな脳外科医のK先生は大きな手術をして夜中に帰ったとしても「そうだ、私は今日は仕事ばかりでレクリエーションをしていなかった」と、たとえ夜中であっても大好きなバイオリンを少しでも弾いて眠るそうです。

皆さんはレクリエーションと言うと何を思い浮かべるでしょうか？中学の頃ドキドキしたフォークダンス（あの子と手を繋げる）なんて答えてくれた同年代の友人もいます。ゲーム、スポーツ、キャンプ、クラフト、歌、ダンス等と幅は広いレクリエーションですが、広辞苑を調べると「仕事や勉強等の精神的・肉体的な疲れを休養や娯楽で癒すこと」とありました。しかし私はレクリエーションは「人々を元気にするもの。やる気を引き出し心も体も脳も元気にすること」と思っています。

人間の脳は一般的に勉強や仕事のときより遊んでいるときのほうがやる気が出ることがわかっているそうです。脳の内側にはやる気や意

欲を司る線条体（遊んでいるとき活発に動いている）と無意識な行動の運動調整ができる（例えば卵を割らずに握ることができる等）側坐核というところがあり、人の快感に関わるドーパミン神経と繋がっているそうです。線条体で無意識な行動と快感が結び付き、人は意識をしなくても簡単にできたことには気持ちよさを感じそしてまたやる。できた！楽しい！　やる気がまた出る。なんだか塾のコマーシャルみたいですね。逆に事がうまく進まないとイライラしたり落ち込んだり投げやりになるそうです。ではなぜ線条体を動かすのに遊びのほうがよいのか。人は考えたり実行したり活動をするとき前頭葉が働くことはよく聞かれるようになりました。だけど上手になると前頭葉は動かなくなり代わりに線条体が動くようになるそうです。

勉強や仕事は一生懸命たくさん頭を使うので前頭葉は沈静化しないそうです。遊びではルール、動きが簡単なので、すぐに線条体が活発になるのだそうです。

遊びやレクリエーションがやる気を起こすことはいいことですが、前頭葉の活動が下がるのは困るような気もしませんか？　しかし前頭葉はずっと活動しているのは良くなく、脳を休めることも大事だそうです。脳が休むのは睡眠とは違って脳をいっぱい使い集中させて仕事や勉強をし、週末にはレクリエーションをやり気持ちをリフレッシュすることで、仕事や勉強もはかどるそうです。（『Recrew』より）

そんなことを皆さんに伝えながら今日もみんなが笑顔になれるよう運動やクラフト、歌や手遊びをしながら過ごしている私です。

※　文中における大脳生理学的記述は、『Recrew　2012　大特集レクリエーションは大脳にきく』（日本レクリエーション協会）から引用しました。

テリーより

きよべーといちべーは、実は仲の良いご夫婦です。そして、新聞に募集記事がアップされた時に、いの一番で応募してくれたのが、何を隠そうこのお2人でした。それから2年間、ミーティングには欠かさず出席をして、課題にも果敢に取り組んでくれました。しかし、何分家庭の事情があり、90歳を超えた親御さんを置いて海外には行ってはならないという、家族会議の裁定が下ってしまいました。断腸の思いを胸に、後方支援に回っていただきました。

そこで、エッセイには、我々の活動の主題であるレクリエーションを選んで一文を寄稿してくれました。今では余人をもって代えがたい飲み仲間です。

投稿　第5番　はっちゃん（1号車）

現役引退後に渡米しませんか!!!

現役引退後に渡米しませんか!!!

同行仲間募集のため新聞に、大型キャンピングカーでアメリカ横断旅行を計画して発表しました。2020年4月です。

はじめは大きな夢に向かって実現できるか内心、不安で不安で……。でも少し期待もありました。だけど、はっきり言うとこの年齢で本当にできるの？と、まるで他人事のように考えていました。しかし時間は刻一刻と過ぎていきます。「気力、体力、知力」を第一に掲げて募集しました。

ところが、私（はっちゃん）の思っていることとは真逆で多くの希望者の方々が名乗り出てくれました。まだまだ夢を追っている仲間がいることにびっくりしました。このキャンピングカーの北米大陸冒険旅行が実現するまでには、数多くのミーティングを重ねて、お互いの理解、役割、コロナに関する問題、アメリカの交通ルールなど十分に話し合いました。その結果、2年後に計画は現実のものになり、とても素晴らしい計画になりました。

仲間9人での1ヶ月半（41泊43日）の冒険行が始まりました。私の役割は、毎日の食事係です。ほかにメンバーに力添えできることが見つからないからネ！　RVの旅35日間の朝、昼、夕と一日3回の食事を考

えると心が痛みます（当時はネ!!）。先ずは食材、献立レシピ、個人の好きなもの、嫌いなもの等山積みで課題だらけでした。

私が経験した前回のキャンピングカーの旅は1〜2週間の日程だったので、献立は考えていきましたが、今回は長丁場なので言い換えれば何も頭に浮かんでこないのです。心配だらけでしたが、仲間がいる、協力してもらえばいいと心で叫んでいました!!

今回は何も考えないで、その時に応じて仲間の食べたいものを作ることに決定です。その時の個人の体調、気温、その他の要件、調達した食材によって考えればいいと割り切りました。日本とは違う考えがあるかもしれないし、女性陣が集まれば何かが生まれる。きっと何かができると気楽に考えることにしました。

キャンピングカーでの食事の支度はとても楽しい時間でした。先ず日本での買い物と違うことは、スーパーの規模、食材の豊富なこと、一つ一つ珍しい食材でした。みんな楽しんで買い物をしました。購入品リストを作り、例をあげれば電気釜（3合炊き）、米20kg、お茶漬けの素、小麦粉1kg、調味料各種、めんつゆ、出汁の素、カレールー、インスタントラーメン、みそ、砂糖、塩等日本と同じ材料です。まだまだ食材はたくさん買い込みました。

定番ですが朝食はパン、ハム、卵、コーヒー、オレンジジュース、野菜（サラダ）、昼食はこれまた意外な発想でした。日本ではやったことのないおにぎりを作ったのです。アメリカ大陸ならではの発想かな？

メンバーには料理好きで、手際が良く、知恵袋の持ち主のちーちゃんがいます。ちーちゃんのアドバイスで、ご飯を炊き（白米3合炊き）、その中に日本の市販のお茶漬けの素を2〜3袋を入れて混ぜる。これだけの超簡単な具材のおにぎりです。豊かな発想でしょ!!!　これを翌日

の昼食にする、または小腹が空いたときの非常用として、3合のご飯で10〜12個ぐらいのおにぎりができました。お茶漬けのあられも入っていて味は最高でした。おにぎりをカップに入れ熱湯をかければ、3分も待たずにこれまたお茶漬けに早変わりです。楽しく、面白いアイデアです。ブラボーでした!!!　毎日就寝前に作り置きするのが日課になりました。

夕食はキャンピングカーで、カレー、パスタ、焼き肉、野菜スープ等簡単にできる献立です。今回の旅行でちーちゃんが天ぷらそばを作ったのには驚きでした。油は多く使うし、日本のように道具は完璧でないのに料理好きの彼女は、そばを湯がく、野菜天を揚げる手際が素晴らしく、日本食そのものでした。美味しかったですよ。もちろん薬味も揃っていました!!!

食材の中で小麦粉が多く残っていたので、メンバーの発案で水団を作ることになりました。人参、ジャガイモ、セロリにブロッコリーも入れて、昨日までの野菜不足も解消されると思いました。そして、からだも心も温まり、昔懐かしい祖母の味も思い出すことができた夕食でした。

夕食の中で一つ失敗した料理は、炊飯器を使い「チキンライス」をと考えて、鶏肉、玉ねぎ、人参をフライパンで炒め、固形スープ、お米、ケチャップを入れ、炊飯器のスイッチを押してでき上がりを楽しみにしていました。でも、日本の炊飯器より電力が弱いためにお米に芯が残ってしまい、私的には大失敗でした。でも今日の主食はチキンライスです。頭の中に、皆の夕食を前にした楽しそうな顔が浮かんで

きました。考えを切り替えて、大きなフライパンにお釜の中身を移し替え、パエリアのように焼き、ピーマン等を添えてチキンライスから“なんちゃってパエリア”に変更しました。失敗しても気持ちを切り替えて別の料理にすることができました。今だから言えることです。すみませんでした。

今回の長丁場の旅行は、毎日毎日楽しい出会いがいっぱいで、本当に楽しい旅でした。でも、メンバー9人が同じ場所で生活をし、一緒に過ごすとイライラも生まれます。感情的になり怒ってしまうこともあったりしましたが、人間だからだと思っています。仲間が心配してくれたり、慰めてくれたりして、私的には一回り大きく成長できたかなと感じています。

仲間9人と応援してくれた仲間とは、これからも長く付き合いたいです。この体験は素晴らしいと思いました。やっぱり「同じ釜の飯の絆」は強いですネ。また料理の楽しさや面白さを沢山味わいました。

テリーより

はっちゃんは、筆者の家内です。女性陣の中でキャンピングカーの生活を経験しているのは彼女だけでした。

この冒険行は、男は運転、女性は賄いさんと、ジェンダー活動家が聞けば目をむきそうな役割分担を原則としていました。まして経験者の彼女には、少し大変かもしれないけど、食材の調達、調理そして保管までの食事にまつわるすべての管理監督を申し付けていました。誰もが、食事を待ちかね、そして満足してくれたことからして、彼女の役割は十分に評価すべきレベルだったようです。よくやってくれました。ご苦労様でした。

★投稿　第6番　ジュンちゃん（2号車）

人世のマイルストーン

2020年4月26日、日曜日朝6時。中日新聞の朝刊に目を通していると、「渡米しませんか？　同行仲間を募集」との見出しで、浜松・中嶋さん夫妻が大型キャンピグカーでアメリカ横断旅行を計画との記事が目に刺さりました。2年後の春から夏にかけて「気力、体力、知力を使い切ってしまわぬうちに一緒に思い出づくりをしませんか」と呼びかけています。

カップルで共同生活ができ、協調性や好奇心旺盛なことなどが条件とあります。さらにお酒が嗜《たしな》めるとなおよいとのことは電話での問い合わせで聞いたことだったような気もしますが、この企画のすべてが私の五感に響き、なぜか頭から離れません。こんなときは自分勝手に都合よく解釈して突き進むという悪癖が、70歳になろうとしているのに遠慮なく顔を出します。協調性OK！　好奇心旺盛OK！　問題は酒とパートナーか……いやいや、それよりこの破天荒な計画をした中嶋夫妻が、憲法を愛し平和主義者の自分を受け入れてくれるのか？　保守ゴリゴリで明治憲法論者の金持ちだったら、こっちが耐えられないかな……とか逡巡する間もなく電話している自分がいました。その時中嶋氏は多様性の時代ですからとカミングアウトする自分をおおらかに受け入れてくださり、嬉しさと感謝の気持ちを抱きました。この時

はきっと彼を支える初子さんもスケールの大きな女性なんだろうなと勝手に想像しました。普通こんな社会実験のような、古希を迎える初対面の男女が、共同生活しながら旅を、それもアメリカ大陸横断を自力で成し遂げようなんて話に、素直に食いつける女性がいるのかと疑問でしたから。

さて最大の課題であるパートナーをどう口説き落とすかです。ちーちゃんこと中尾ちゑさんとは互いに伴侶を病で失い、仕事の相談から子育てに至るまで協力し合いながら30年以上をともに歩んできました。また、定年後は会社の経営にも参画し、彼女の長男を社長に、長女を役員として経営に奮闘してもらっています。この愛すべき二人の理解ある協力のおかげで、今回のアドベンチャーツアーに参加できたことを改めて感謝します。また96歳になる母親と14歳の愛犬についても気が気ではありませんでしたが、良き協力者を得て事なきを得られました。そして彼女とは、あれこれあれこれ議論し尽くし、ようやく「行くんなら死ぬ気で行くしかないね」との言葉を引き出すことに成功しましたが、彼女は寸前まで「きっとコロナで中止になるから」とつぶやいているのでした。

今回のアドベンチャーツアーでは、写真家として先進資本主義国家アメリカのリアルな姿を切り取れたら良いなとの思いがありました。平和憲法を持つ独立国家日本と言えども日米安保条約によりかなりの主体性に制約を受け、アメリカが風邪をひけば日本もすぐに感染すると言われるほど経済・文化をはじめ様々な分野で密接な関係を持っています。今のアメリカを見れば明日の日本が見通せるのではとの考えがあったからです。そうして現地では7,000ショットの絵を夢中で活写することができ、大変にハッピーでした。帰国後すぐに仲間の力を借

りて写真集を作成しました。これには命を預けあった（ハンドルを握りあい1万km以上走破）相棒マッサンの協力が大きかったです。彼もカメラマンとして広報を担当しており、良きカメラアイを持っていましたのでいろんなシチュエーションでアシストしていただきました。

いざ写真集ができ上がってみると、矢も楯もたまらずに見てもらいたくなるという、また悪癖が出てしまい相手の都合お構いなしにまずはリーダーの中嶋邸に押しかけたのです。そこで喜んでもらいつつ彼の夢である、人生の知的生活の集大成として、今回のツアーを本として出版したいとの構想を伺いました。さらに自分の写真を使わせてくれないかとの申し出を受けたのです。こんな光栄な話に一も二もなく承諾しましたが、その後冷静に出版について思いを巡らしてみますと、「人生のマイルストーン」にMr.テリー（以後テリーと記す）の卓越した文章と自分の写真だけではちょっと物足りないというか、ありきたりな思いに駆られてきました。この2年間にテリーのもとに集まり9名で決行し成功したツアーですが、残念ながら後方支援に回ったメンバーもいます。70歳前後になり人生を考え、語ることができる年齢の素敵な仲間が様々な思いを共有しています。エベレスト・ヒマラヤ登山隊も登頂するのは数名で、隊としてチームとして機能を発揮しています。折角巡り合った人生の得難い仲間たち、参加者だけでなく日本で見守り後方支援としてともにアドベンチャーツアーに参加された仲間の、人生を振り返った言葉や文章、また次なる挑戦の話等々、それらが本になるって素敵なことだと思いませんか?と、呼び掛けてしまったのです。

こんな勝手なことをほざいておりますが、身近で「なに書いていいのかわからない。ほんとに成人式のヘアメイクと着付けでくたくたに

疲れているのに、全くね」とぶつぶつ独り言が聞こえてきます。またLINEでも仲間の苦悶の様子が伝わってきて恐縮の至りですが、出版企画書でテリーも大きな特徴だと記しているように、メンバー全員で創った「人生のマイルストーン」というべき成果物になるってところにとてつもない価値を感じるのです。

今回のアドベンチャーが自分にもたらしたものを思いつくままに記してみます。

まず第一にテリーの「旅のエッセイ　病んでいるアメリカ」に共鳴し自分なりの簡単な補足考察として；

❶ 肥満社会

先進資本主義国家アメリカにおける自由主義・自己責任の下で、激烈な競争社会を勝ち抜いていくためには相当大きなストレスを克服しないと結果がでないのでしょう。このストレスこそが肥満を生み出す根源ではないでしょうか?　このような競争社会では、ナイーブな心の持ち主には耐えられずに過食または拒食に走ることは容易に想像できます。ドラッグストアに行けば、糖質、カロリーたっぷりの菓子や食品がうず高く積まれ、TVコマーシャルでも過剰な宣伝攻勢が仕掛けられているのですから。むしろ肥満することでこの社会に対してのアンチテーゼを示しているのかもしれません。そしてこれらの人たちに臆した表情を見出すことはできず、堂々としていて太った体形でおしゃれも楽しみ自信に満ちた自己表現の姿は痛快でもあります。これぞ自由でおおらかな、そして多様性を受け容れるアメリカの今なのかもしれません。

❷ タトゥー社会

これも肥満社会と同一視できるものではないでしょうか。自由と自己責任の下での競争社会ではいかに目立つかが大切なんだと思います。自分が自分であることの証としてベトナム戦争以来増えてきたということは、現代の競争社会を生き抜くことが戦争と同じほどの実に大きなストレスが負荷されていることの証明になっているのだと思います。

しかし背景はともかくタトゥーを愛する人々もまた、楽しそうに自慢げにカメラを向ければすすんでポーズをとってくれました。果たして日本人の感性に今後どのように浸透していくのか興味深いところです。

「旅のエッセイ　アメリカには昔日の日本のように子供たちの笑顔と笑い声があった」

同じ時代を生きたテリーとは多くの似通った感性を感じるところですが、このエッセイの最後の3行は、思わずシャッターを押した我が心を如実に活字化していると思わずにいられません。

RVパーク内を我が物顔に駆け回るスペイン語を話す居住者（車上生活の子どもたち・我が作品ではノマドチルドレンと命名）の子供たちは、彼らのキラキラとした目の輝きによって我々を大いに魅了しました。あたかも、何十年か前の自分を回想するかのような立ち居振る舞いでした。明日を信じ、そして今が楽しければ何もいらない、といった風情の純朴な自分がそこにいるようでした。

約2名の純朴なジジイが間違いなくそこにいましたね！

●終わりに

我が写真家としてのファインダーに最初に飛び込んできたのが、一つはニューヨーク・タイムズスクエアの路上で支援を求める犬連れの男性や派手なコスチューム姿の女性でした。アメリカではひどい格差社会の底辺にたたずむ人たちにもしっかり自己主張できる自由な姿があり、もう一つは好戦家を喜ばせる映画『トップガン』のド派手なネオン宣伝でした。直感的にこれが自分の追い求めるリアルなアメリカの姿なのかとの思いが一瞬頭をよぎりましたが、半年後の今、「岸田政権による安保三文書閣議決定。日米が一体で敵基地攻撃が可能」そのための増税論議。インフレによる実質賃金の目減り、貧困化進む……。まさかタイムズスクエアでの我が直感は、アメリカだけのものであり、日本が戦争に巻き込まれる事態のことまでは想定しておらず、今後の政局や日米関係を憂慮せざるを得ません。

国と国との関係はともかく印象に残ったことは、アメリカ人による「無言の人助け行為」に助けられたことです。我らのモーターホームがスタックした時のことですが、自分のことをさて置いて多くの人が群がってヘルプしてくれました。当事者が右往左往している間もなく、できることを我がこととして積極的に行動する姿には、本当に感動を覚えました。テリーが言うように広大なアメリカ大陸において難儀している人がいれば手を差し伸べるといった、無償の互助の精神の発露こそが広大な自然とともにアメリカが世界に冠たるものだと思います。戦争のない平和な世の中であってこそのツアーであり、若者たちにこのような感動を世界中で味わえる世の中にしていくことがジジババの使命と感じます。

帰国時、メンバーの2名がまさかのコロナ陽性に。ここからのテリー

の奮闘ぶりは本当にドラマチックなものでした。そのことはどこかに記されるでしょうから省きますが、テリーはともかくも、ほかのメンバーからも「俺は陽性者とともに残るつもりだった」との言葉が発せられたことです。ここに冒険行をともにした仲間の絆が太く存在していることが証明され、これこそが人生のマイルストーンの宝物であると確信を持ちました。

この冒険行を成功させた立役者として、はっちゃんはテリーのサポートに徹しきっていました。重い荷物を担ぎながら惚れ惚れする行動力や料理等々、この破天荒で魅力たっぷりなリーダーのテリーにこのチャーミングでパワフルな伴侶ありです。

この冒険行を通して、日本とアメリカで出会った世界の素敵な人たちとめぐり合えたことに感謝します。ありがとうございます。

●追記

帰国後、今回の旅をテーマにした作品を第2回伊藤知巳写真賞に応募、結果残念に終わりましたが、その時のタイトルおよび作品の趣旨を添付します。なお30枚の組み写真でこれも間違いなく我がマイルストーンです。

（伊藤知巳賞に応募した、30カットの写真は、後段の資料集に収録しております。ご参照ください）

テリーより

ジュンちゃんは、このエッセイにある通り写真家であり、ドライバーであり、そしてなによりも宿泊地での外国人ハントの達人であります。可笑しな意味ではなく、積極的に外国人ネットワーク作りに奔走していただきました。我々のビッグツアー

を彼《か》の国の人たちに知らしめるために、バナーを最大限活用していただきました。その結果として、我々の宝物ができ上がりました。数多くのアメリカ人、オランダ人、スペイン人、フランス人……、中には日本人まで集めていただき、彼らからはバナーに沢山のサインを残していただくことができました。なお、彼が外国人、特に女性をハントするときに口にする「チュア～～ミング♬」という口吻《こうふん》は、さしものアメリカ人を含め、誰も真似することができないほどの世界に冠たる殺し文句です。それに加え、彼の国の女性たちは恥じ入ることなく、素直に、また直球で「その通り!!」と反応してくれるのが面白く、また文化の違いを強烈に見せつけてくれました。

★投稿　第7番　ちーちゃん（2号車）

なんと迷惑な話から始まった

常日頃から好奇心旺盛な70歳の順さんは、私（ちーちゃん）のパートナー。その彼が中日新聞に掲載されたアメリカ冒険旅行の募集に応募してから（？）、私に誘いを掛けてきました。こうして、なかば無理やりに、結果的には進んで協力し、参加することになりました。

私の人生は、美容院経営一筋。幼い頃からのあこがれで、大好きな美容の仕事を55年続け、現在も後継者の長女・長男と一緒に経営に携わっています。仕事に忙しく、これまで旅行はあまりできず、せいぜい美容組合の研修や社員旅行くらいでした。それで70代になってから、きれいな景色を見、美味しいものいただける旅行がしたいと思うようになり、豪華客船の旅を姉妹で予約していました。それがコロナで流れてしまった時に重なったのが今回のお話です。

とはいえ、キャンピングカーで43日間もの冒険旅行なんて、とんでもありません。言葉はどうする？など、あれこれ考え悩みましたが、パートナーはあこがれの話を目の前にして子供のように舞い上がっています。そんな姿を見て、「人生最後のチャンス。彼の思いをかなえてあげるとしたら、1歳でも若く、元気なうちに」と思うようになったのです。要するに、彼の冒険行への情熱に負けてしまったわけですが、内心は「いますぐの話ではないし、新型コロナの感染拡大によっては中

止の可能性大」と読みながら月1回の勉強会に参加していました。

参加条件は、❶運転ができる人、❷料理ができる人、❸お酒が飲める人。パートナーは❶、それで❷❸を私に期待したようですが、確かにお酒は何でもそこそこ飲め、料理も嫌いではないものの、アメリカと日本では食材や調味料も違ううえに、朝昼晩毎日、人様に食べさせるほどの自信は全くありません。不安だけが増幅するうちに2年が経ち、コロナも落ち着いてきて、どうやらアメリカに行けそうな風向きになってきました。航空券の予約や保険の話など、リーダーが具体的な課題を出し始めた頃には後には引けない感じになり、もう腹を決めるしかありません。よし、この波に乗ろう！　そしてパートナーに言いました。「行くなら、死んだつもりで行こう。無事帰ってこられたらラッキー！」。大袈裟なようですけれど、開き直りともいえる覚悟でした。

出発まで体調管理や足腰を強化するウォーキングをしつつ、荷物の準備を少しずつ進めていきました。重量を考え、必要なものだけ最小限に……のはずでしたが、ここで大失敗をしてしまいました。下着は10枚ずつと聞いていたので揃えておいたはずなのに、大事なパンツをバッグに入れ忘れてしまったのです。しょうがない、アメリカで買えばよいと思い、女性陣で探しましたが購入できず。困っていると、1号車の女性2人から「使ってください」との申し出があり、本当に感謝の気持ちでいっぱいになりました。

いよいよ始まったモーターホームの生活は、正直に言って、食事の支度さえなければ最高。私は献立のことばかり気になり、よく眠れません。1号車の料理長（はっちゃん）は経験者でもあり料理上手な方。メニューや出来栄え、味を比べると正直辛く、くよくよ悩んでいたの

ですが、2号車のメンバーは「美味しい、美味しい」と言って食べてくれました。ここでも感謝し、2度目の開き直り決断！　「私はできることを精一杯やればいい。2号車のメンバーに心を込めて料理を作って食べていただこう」。そう気持ちを切り替えてから悩まなくなり、楽しく感じるようになりました。

このメンバーは、いくつかの大きなハプニングを乗り越えてきたラッキーな人たちです。私にとってのハプニングは、モーターホーム2日目のRVパークで起きました。

到着した時、外は明るく、皆でディナーを楽しみ、あと片付けや翌日の朝食の準備も済ませ、やっと自分の時間になりました。今日はシャワーはしないで洗濯だけしようと、先に済ませた人に場所を聞き一人向かいました。15分くらいと聞いていたのに、30分ほど歩いた気がします。ようやくコインランドリーを見つけ、用事を済ませてから帰路に就きました。我々のサイト（駐車場所）を出たのは8時30分、洗濯ものの乾燥が終わるまで45分以上はかかるので、9時45分くらいになっていたでしょうか。あたりは真っ暗で、来た時には灯っていた明かりも消えています。本当に心細く、誰か助けに来てほしいと思いながら、来たはずの道を一歩一歩踏みしめるように歩き続けました。

どれくらい経ったでしょう。やっとモーターホームの我が家を見つけ、安堵の涙が溢れたその時、さらなる試練が私を襲いました。2号車のドアに手を掛けても開きません。なんとロックされていたのです。トントントンと3回ノックするも反応はなし。誰一人気づきません。「締め出されてしまった。どうしよう。今晩は車の下でタイヤと仲良く寝るしかないかな」と途方に暮れつつも、車まで戻ってこられたことに安心もした私は、しばし考えました。「待てよ、他のドアは？」。そう

して助手席のドアに手を掛けてみると、開いたのです！　飛び上がるほど嬉しく、またまた涙が溢れてきました。

助手席によじ登り、車内に乗り込むと、みんな大いびきで気持ちよさそうに熟睡しています。起こさないようにそっと相棒の恵子ちゃんが寝ているベッドにもぐり込みましたが、恐ろしさと悲しさと悔しさとホッとした気持ちが蘇り眠れませんでした。何でこんな所に来て、こんな思いをしなければならないんだろう。二度とこんな目に遭いたくないと、アメリカに来たことを後悔しました。

こんな話をしても誰にもわかってもらえないのは承知で、翌朝食事の時に遠慮がちに話してみました。結果は、薄笑いと笑み、「そうだったのね」「ごめんね」で終わり。特にパートナーの順さんの薄情さを初めて知りました。でも、運転手のマッサンはその後私のことを気にかけてくださり、私が少しでも遅れるとさりげなくそばに来て見守ってくれ、本当に有難く、優しい人でした。ありがとうございました。

沢山の経験をし、学ばせてもらった日々は、すべてが非日常の生活、今思い浮かべると夢の中の出来事のように思います。御年72歳の貴重な体験をさせていただきました。リーダー、運転をしてくださったドライバーの4人、そのほかの皆さん、それぞれ価値観、生活習慣の異なる仲間と43日間もの長い間お付き合いしてくださって本当にありがとうございました。

テリーより

ちーちゃんは、人生で大変な苦労をされた方で、その苦労を表に出さない芯の強い方だと思っていました。筆者はこのエッセイを読むまで、ちーちゃんこそは我らが「肝っ玉母さん」だと思い、心からのリスペクトを寄せてきました。酸いも甘いも

よ～くわかっていて、何でも自由にやらせてくれる包容力の人だと思ってきました。それが思いのほか人間臭いことにびっくりしました。

食事のことで眠れないほど思い悩み、はたまたパンツを忘れるとは、人間ちーちゃんでよかったです。かくいう筆者も大事な出張時にパンツを忘れたことは一度ならずあり、その節のつらさ、自己嫌悪などなど本当によく理解できます。

ともあれ、人間ちーちゃんお疲れさまでした。これからも、よろしくお願いしますネ!!!

人生のマイルストーン

第8章

最後のスパイス

——冒険行——

MILESTONE 31 青年よ荒野（世界）を目指せ

このエッセイは、イエローストーン国立公園にいる時に出会った青年との話である。したがって、旅のシーンはその時点までさかのぼることをご容赦いただきたい。筆者は、どうしても最後にこの項目を語りたい。

イエローストーン国立公園にイーストゲートから入園したものの、メンバーから希望散策地のリクエストがなかったので、とりあえずアッパーリム（イエローストーン国立公園はアッパーとローワーに周遊路が区分され、ちょうど数字の8の字のように周遊が可能である）を反時計回りに周遊しようと考え、先ずはフィッシングブリッジにて散策。この地点は、8の字の上部の結節点の近くで右側面に当たる。ここに来る手前で大きな湖面を有するイエローストーン湖（湖水面積は琵琶湖のおよそ半分）が未だ全面結氷していたことから、この公園内での安全走行に黄色信号が点灯したようだ。この日は5月26日であり、日本では、高緯度帯の北海道でさえすでに初夏を迎えているはずだ。その後、順調にタワールーズベルトの地点まで来たが、それ以北は道路が閉鎖されていた。道路閉鎖の理由は、やはり除雪できていないとのことである。仕方ないので、逆コースでノリスまで戻り、時計回りでマンモス・ホット・スプリングスまで辿り直した。この地は8の字の最頂部に当たる。

マンモス・ホット・スプリングスは、地下から温泉水の湧出《ゆうしゅつ》により石灰分が溶け出し、それが大きな岩棚状に析出《せきしゅつ》した姿が見られる有名

観光ポイントである。このために非常に混雑した地であり、ただでさえ駐車スペースを探すのに苦労するが、図体のでかいRV2台分を探さないといけない。マンモス地点よりかなり奥まったビジターセンターの奥にその場所を見つけ、ようやく散策開始である。

最初に当地の情報を得ようとビジターセンターに立ち寄った。センター内ではパークレンジャーから観光情報の提供を受けたり、場合によっては、クマなどの危険情報などもインフォームされる。さらに、この地でよく見られる動植物の情報や、お土産などもゲットできる。筆者は、ここで当地とグランドティートン国立公園の地図を購入した。しかし、この地からインスピレーションを受けた音楽CDは入手することができなかった。外に出て、皆としゃべっていた時である。後方から、自転車旅行中と思しき真っ黒く日焼けした顔のお兄さんから「日本の方ですか？」との、懐かしい日本語の問いかけがあった。

なんと、声の主は日本の青年だった。我がメンバーは年を経たジジババであり、質問は極めて直截で、すぐさま直球の人体（にんてい）尋問が始まった。彼は「ゆーせい」君という青年だ。ロスを皮切りに、自転車で中西部を縦断して北上し、この後カナダに入って、さらに北上して、夏ごろには北極圏に到達する予定とのことだ。その後、4年～5年かけて相棒の自転車で世界を周遊するとのこと。

質問者の面々は、娘や息子を持つ現役の母親である。母性を100％丸出しして、「何か困っていることはないか？」「ご飯は食べているのか？」「食べ物は大丈夫か？」「薬は持っているのか？」「体調は万全か？」などなど、母親が発するであろう幾多の質問が速射砲の如くに発出された。それに対して彼からは、まさしく母親と息子の会話を地で行き、「今は大丈夫」との極めて簡素な、はたまたそっけなく、飾り

気もない返事が返された。それが多分事実と思われ、事実の重みで一同納得。ただ、彼との会話の中で、「橋の下で寝た」とか、「金がなくなったら、そこで旅行続行終了」との会話につき、現役の父親である筆者には、少し胸がうずく話だった。

ところで、彼との邂逅の結果、彼の情報をWEBで検索してみたら、次のことが判明した。

ユーチューバーとして、自転車世界旅行の模様を発信中である。チャンネル名は「Yuchari Diary」【自転車世界一周】であり、すでに何十話もアップされている。読者諸兄姉、これも何かの縁なので、フォローしてあげてください。よろしくお願いします。第32話がイエローストーンの巻であるが、我々と出会った様子は配信されていなかった。

彼は、もともとは大学院を出た教員のようだが、大きな志をもって、ウーバーイーツの配達員を2年間やって、この旅行費用を稼いだとの情報がユーチューブに残されている。まさに若さだと感じる。一方、我々のツアーも多分希少な部類に入るのだろうと推測する。多くの年寄りがやったとの情報は得ていないが、彼のように、向こう見ずにも年齢という財産も、知力も、すべての預貯金も含めた全財産を丸ごと投入しての「人生丸ごと」の行動とは一線を画している。しかし、若者こそができる、あるいは若いからこそやるべき行動もあるはずだと理解する。

我々の生まれ育った時代は、何もない戦後の復興期からようやく立ち上がりかけた時で、朝鮮戦争の悲劇とは逆に漁夫の利を得て戦争景気が沸き上がり、そのまま右肩上がりの高度経済成長期に突入していった。我々の世代は、太平洋戦争の直接の悲劇も、食糧難の時代も知らずに、生きることを謳歌できる時代であった。だから、明日を信

2022.5.26 マンモス・ホット・スプリングスで出会った、日本の若者『木村悠生』君 真っ黒に日焼けした顔が、頼もしげだ。

世界自転車周遊の模様をユーチューブで配信中だ。

じることができ、今日よりも、明日になれば絶対にすべてが良くなると信じることができた。自身の就職時期には、完全な売り手市場で、求人倍率が3倍も4倍もあり、労せずに会社を選択することができた古き良き時代だった。言うなれば、イージーな時代だった。

そんな時代を生きてきた我々が、今の若い人に意見するということは思わず息苦しさを感じてしまう。時代背景も、社会のパラダイムも全部が極端に異なる方向にシフトしてしまったようだ。でも、それでも若いときにしかできないことは沢山あるように思えてならない。自転車で外国に出るばかりが若さの発露ではないが、何か、若さゆえにできることを、行動に移してもらいたい。イージーな時代に生きてきたジジババではあるが、そんな時代にあっても、皆精一杯時代に抗い、

また一生懸命に時代を切り開いてきた我らである。
　そう、考えるよりも行動することこそが大切なのが「若いとき」であると、君たちに心からの激励を贈りたい。

【後日譚】　自転車世界一周の様子をユーチューブで配信しているこの青年であるが、フロリダで野宿中に、自転車をはじめほぼすべての財産を盗まれてしまい、旅行の継続に決定的なダメージを受けた由である。が、その後、現地の支援者に恵まれ、わずかに残った彼のクレジットカードを基に、現地警察の奮闘で見つけられた自転車を再整備して、再度世界旅行に出発されたようである。これも縁なので読者諸兄姉、ぜひ彼のユーチューブをフォローして応援してあげてください。

あとがき

やっとこれで我々の終活アメリカ冒険大旅行が完結できるのだろうか。2020年4月に始まった旅行計画だが、2年間の準備期間、そして2022年5月4日に出発して、6月15日に無事全員で帰国、その後、出版に向けて延々と続いた文字や写真と格闘した日々、通算するとなんと1,263日間にものぼる。旅費をこれまでの日数で割ると1日あたり968円となった。コストパフォーマンスのなんと良いことであろうか。1日1,000円足らずのお金で、これだけの大旅行が味わえるとすれば、本当に安いものだ。

この間、地域のFM放送局でインタビューを受け、15分間ほど私の生の声を放送していただいた。そして、新聞でツアーが完結した旨を報じてもらい、さらに浜松市の外郭団体からの招請により、2時間にわたりツアー報告講演をさせていただいた。パワーポイントの出来もあって、総じて好評だった。そのうえ、キャンピングカーの専門誌で1月号と2月号にて前編・後編に分けて、ほぼ1万字余の字数で冒険行の話題を掲載していただいた。当初は想定していなかった活動の広がりである。一つ一つのイベントはそれなりに準備が大変だったが、何より望外の喜びを感じることができた。旅の余禄にしては、誠に大きな成果物を与えていただいた、と感謝している。

また、さらにツアーの思い出を書籍にして出版しようと強く思い立ったことから、出版資金の全国公募も行うことになり、人生初めてのクラウドファンディングにも挑戦した。結果は、実に全国の100名を超える方々から、心からのご支援をいただくことができ、ファンド成立という栄誉に辿り着くことができた。お一人お一人のご支援には、感

謝しきれないほどのありがたさを感じている。何よりも、ファンド成立により、こうして書籍出版に向けて動き出すことができた。僥倖である。

この旅を通して、私が得たものは上記の通りだが、何よりも新たに生涯の友を得ることができたことが、最大の宝物である。この旅を通して築いた友情は、この先ずっとずっと大切に絆を深めていきたいものだ。

そんな感慨を胸に育んでいるが、またぞろ新たな旅の計画をしようかと思い始めた今日この頃である。いやはや旅中毒症を発症してしまったかもしれない。

もしかしたら旅中毒症は、感染力も顕在性も既存の感染症よりも強いのかもしれないな〜。

本書の出版に際しては、「この本は絶対世に出すべき」と大いに勇気付けてくれた幻冬舎メディアコンサルティング・ルネッサンス局の企画編集部の方々、そして粘り強く原稿の校正に付き合ってくれた編集部の皆さん、そして何よりも超多忙な時間を割いてこの書籍のために『帯』を提供してくれた かわぐちかいじ先生には、感謝してもしきれない御恩を感じている。加えて、メンバー各位、クラウドファンドのご支援者の皆様、そして有形無形の尽力と助力を惜しまず協力してくれた小笠原聡氏及び山崎雅一氏にも心からの感謝をささげたい。それから忘れてならないのは、企画段階で何回も新聞記事にしてくれた中日新聞の高柳義久記者にも感謝をお送りしたい。

最後に、出版費用の捻出に悩んでいた私に、太っ腹を示してくれ、大船に乗ることが出来た我妻にも、感謝をささげるものである。

2023年9月15日　テリーこと　中嶋照夫記　仲間とともに

〈著者紹介〉
中嶋照夫（なかじま てるお）
　従事した職業は、一部上場の総合重工業会社で大型商船の基本設計に17年間にわたり従事。
　その後、重厚長大産業の消長による産業構造の変革に直面して職務転換を図り、医療経営に携わる。同時に、『病院医療の質』向上を目的とした第三者評価運動に参画し、28年間評価調査者の重責を担う。緻密なレポートを記述する必要から文章能力が開花。病院勤務の定年を機に、米国のキャンピングカー・レンタル会社のエージェントになる。

写真＝**高林 順**（たかばやし じゅん）

人生《じんせい》のマイルストーン

2024年2月28日　第1刷発行

著　者　　中嶋照夫
発行人　　久保田貴幸

発行元　　株式会社 幻冬舎メディアコンサルティング
　　　　　〒151-0051　東京都渋谷区千駄ヶ谷4-9-7
　　　　　電話　03-5411-6440（編集）

発売元　　株式会社 幻冬舎
　　　　　〒151-0051　東京都渋谷区千駄ヶ谷4-9-7
　　　　　電話　03-5411-6222（営業）

印刷・製本　中央精版印刷株式会社
装　丁　　川嶋章浩

検印廃止

Printed in Japan
ISBN 978-4-344-94985-0 C0095
幻冬舎メディアコンサルティングＨＰ
https://www.gentosha-mc.com/

❶RVツアー　走行ログデータ

No.	日付	1号車	2号車
		走行距離（km）	
1	5月10日	52.8	105.6
2	5月11日	220.8	219.2
3	5月12日	196.8	198.4
4	5月13日	713.6	710.4
5	5月14日	113.6	113.6
6	5月15日	17.6	44.8
7	5月16日	593.6	593.6
8	5月17日	192.0	193.6
9	5月18日	593.6	592.0
10	5月19日	371.2	369.6
11	5月20日	289.6	289.6
12	5月21日	617.6	540.8
13	5月22日	262.4	262.4
14	5月23日	691.2	691.2
15	5月24日	284.8	286.4
16	5月25日	624.0	622.4
17	5月26日	284.8	284.8
18	5月27日	105.6	105.6
19	5月28日	262.4	262.4
20	5月29日	400.0	400.0
21	5月30日	390.4	388.8
22	5月31日	171.2	171.2
23	6月1日	452.8	452.8
24	6月2日	339.2	337.6
25	6月3日	470.4	470.4
26	6月4日	515.2	515.2
27	6月5日	280.0	278.4
28	6月6日	512.0	512.0
29	6月7日	70.4	177.6
30	6月8日	249.6	248.0
31	6月9日	459.2	440.0
32	6月10日	364.8	382.4
33	6月11日	0	0
34	6月12日	0	0
35	6月13日	62.4	62.4
	総計	11,225.6	11,323.2

データ整理

項目	単位	データ	備考
平均走行距離	km/日	323.5	
中央値(Median)		286.4	
最長距離		710.4	

平均以上の走行日数

項目	回(日)数
323.5～399km/日	4
400　～499km/日	4
500　～599km/日	4
600km以上	3
合計走行回（日）数	15

※データ整理における留意点

a）初日5/10は、1・2号車の走行経路が異なります。

b）5/20に2号車を交換したので、走行距離のデータは1号車のデータで補正しています。

c）5/21は、RVパーク到着後に1号車で食料買い出しに行きました。

❷ガソリン給油データ（米ガロン換算；3.7854ℓ/ガロン）

項目	単位	給油量		備考
		1号車	2号車	
全給油量	ℓ	2,785.8	2,860.7	
燃料消費率	km/ℓ	4.0	4.0	
燃料購入額	¥	1,003,663		
ガソリン購入単価	¥/ℓ	177.7		

※ガソリン関連データ整理上の留意点

a）ガソリン購入額の把握に当たっては、現状米国での物価上昇の問題、そして同時に為替レートの変動（円安傾向の昂進）問題がダブルに影響している状況を前提にされたい。

b）観光地におけるガソリン価格は、一般都市部よりさらに高かったこともご承知願う。

❸RVツアー RVパーク利用情報

No.	日付	宿泊地		利用料（円）	
		州名	RVパーク名	2台分	単価/台・泊
1	5月10日	NJ	Liberty Harbor Marina & RV Park	44,874	22,437
2	5月11日	NJ	Philadelphia South/Clarksboro KOA	25,510	12,755
3	5月12日	MD	Cherry Hill Park	32,094	16,047
4	5月13日	CT	Mystic KOA Holiday	24,904	12,452
5	5月14日	MA	Normandy Farms Campground	49,898	12,475
6	5月15日				
7	5月16日	NY	Canandigua/Rochester KOA Holiday	20,985	10,493
8	5月17日	NY	Niagara Falls/Grand Island KOA Holiday	30,144	15,072
9	5月18日	MI	Indian Creek Campground	16,645	8,323
10	5月19日	IL	McCormick Place Marshalling Yard	現金 $76	5,000
11	5月20日	WI	Milton KOA Holiday	20,214	10,107
12	5月21日	WI	Hixton/Alma Center KOA Holiday	19,807	9,904
13	5月22日	MN	Mineapolis Southwest KOA	16,526	8,263
14	5月23日	SD	Belvidere East/Exit 170 KOA Journey	18,044	9,022
15	5月24日	SD	Mount Rashmore KOA at Palmer Gulch	24,745	12,373
16	5月25日	WY	Cody KOA Holiday	20,034	10,017

No.	日付	宿泊地		利用料（円）	
		州名	RVパーク名	2台分	単価/台·泊
17	5月26日	MT	Yellowstone Grizzly RV Park	62,982	15,746
18	5月27日				
19	5月28日	WY	Virginian Lodge RV Resort	24,706	12,353
20	5月29日	UT	Salt Lake City KOA	23,110	11,555
21	5月30日	UT	Canyonlands RV Resort & Campground Sun Outdoors Moab	48,750	12,188
22	5月31日				
23	6月1日	AZ	Wahweap RV & Campground - Lake Powell	29,877	14,939
24	6月2日	UT	Ruby's Inn RV Park & Campground	17,322	8,661
25	6月3日	AZ	Grand Canyon Camper Village	9,526	4,763
26	6月4日	NV	Oasis Las Vegas RV Resort	15,104	7,552
27	6月5日	NV	Furnace Creek Resort Campground	8,064	4,032
28	6月6日	CA	Yosemite Pines RV Resort and Family Lodging	31,712	7,928
29	6月7日				
30	6月8日		Candlestick RV Park	36,213	18,107
31	6月9日		Pismo Coast Village RV Resort	26,163	13,082
32	6月10日		Orangeland RV Park	70,952	11,825
33	6月11日				
34	6月12日				
35	6月13日		EL Monte RV 返却		
	州の数	16州	合計	778,905	

RVパーク利用料

総額	¥	778,905	
利用単価	¥/泊/人	2,545	利用総額÷(34泊×9人)

※①No.10 5/19のRVパークはトラックヤードでしたので、此処だけは米ドル現金で支払いました。
②2台分のドル支払い金額を、円価換算して小計に加算しました。
⇒上記の論理で上の表の小計に10,000円を加算して、778,905円と修正します。

❹RVツアー中の食事報告

日付	朝食	昼食	夕食	備考
5月10日		日本食材購入 @ミツワ マーケット・ プレイス		ニューヨークシティ
11日				フィラデルフィア
12日			ワシントンD.C.観光 17：30帰着 ご飯・海苔と納豆の軽食	メリーランド州
13日				コネチカット州
14日				ボストン
15日		◀ ボストン駅にて		

日付	朝食	昼食	夕食	備考
16日				NY州
17日	いつもはおにぎりだけど、今日はソーセージとレタスのホットドッグです。ハイキング気分!!			ナイアガラの滝近郊
18日				ミネソタ州
19日		広島に居住した女性が、突然闖入し、演説を始めた。曰く、広島は良いところだ。@シカゴのマック	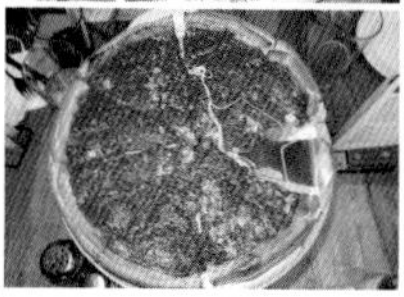	シカゴ
20日				ウィスコンシン州
21日		皆でカップラーメンを食す		
22日				ミネアポリス

日付	朝食	昼食	夕食	備考
23日		メンバーの発案で、小麦粉の水《すい》団《とん》を賞味した。 ▶		サウスダコタ州
		わかめとキュウリ・セロリの酢の物、ざく切りキャベツと豚肉の生姜炒め ▶		
24日			サーモンの切り身のカレー、リンゴとブロッコリーのサラダ	
25日		ロールキャベツとマカロニ·サラダ ▶		ワイオミング州
26日				上・1号車、下・2号車 モンタナ州→ワイオミング州
		天ぷらを揚げる火力と料理の腕前・さすがちーちゃん、天ぷらそば ▶		
27日		タンドリーチキン、トマト・野菜サラダ+わかめ卵とじスープ ▶		

日付	朝食	昼食	夕食	備考
28日		蕎麦(温)+肉じゃが		ワイオミング州
29日				
30日		肉団子入りパスタ+野菜サラダ(わかめ・セロリ・ラディッシュ)		ユタ州
31日		豚生姜焼き＋野菜サラダ（トマト・黄パプリカ・キュウリ）		
6月1日				アリゾナ州
2日		この日は、素麺で晩餐　これでは日本が恋しくならないわけだ！		ユタ州

日付	朝食	昼食	夕食	備考
3日				アリゾナ州
4日		久しぶりの外食 ▶		ラスベガス
5日		ざるそば+白身魚ムニエル+オニオンサラダ ▶	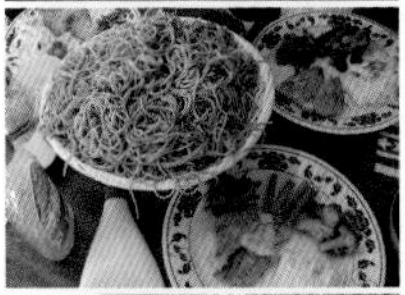	デスバレー
6日				カリフォルニア州
7日			▲ ちーちゃん あ～ん♥	
8日	サンフランシスコの街角にて@ピア#39 ▶			カリフォルニア州
9日		カレー+ゆで卵と野菜サラダ ▶		

日付	朝食	昼食	夕食	備考
10日		 		カリフォルニア州
11日				
12日	冷えた生ビール @アナハイム・ エンジェルス・ スタジアム ▶			
13日		RV返却後夕食 ▶		

イ）写真データにはなかったですが、そう麺（揖保乃糸）もよく食べました。

ロ）蕎麦は、少しばかり高級、かつ味は保証付きの北海道「新得そば」を持参しました。

ハ）ともあれ、女性陣は日々の調理とともに、食料の買い出しにも精を出してくれました。本当にご苦労様でした。

Memory
思い出写真

MOO'S GOURMET
ICE CREAM

バナーハント

Energetic Japanese Seniors
Adventure Tour across the American Continent
May to June

Energetic Japanese Seniors
Adventure Tour across the
American Continent
May to June
KEEP IT WILD

❺我々のツアーを支えてくれたRV（モーターホーム）

FS31

El Monte RV

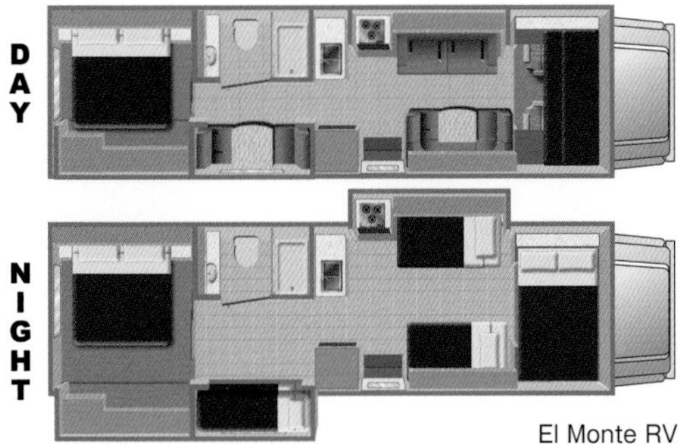

El Monte RV

全幅	2.5m
全長	9.5m（31ft）
定員	7人
Slide Out	2面装備
キャブオーバタイプ	
エンジン	6,000cc　ガソリン

ジュンちゃんの作る写真のページ

第２回伊藤知巳写真賞　応募内容

ジジババ Across the American Continent

作品の趣旨

2022年5月から6月にかけてキャンピングカーによる北米大陸横断・縦断シニアの冒険行44日間1万1千㎞に参加したドキュメントです。我が青春時代にあこがれをもって見つめたアメリカを、今回旅を通して交流した人々や広大な自然を思う存分に活写。

見えてきたのがタイムズスクエアの路上で支援を求める犬連れの男性だったり、カラフルなコスチューム姿の女性、ホワイトハウス前で被爆者の写真に触れて戦争反対を訴える女性たちの自由に自己主張する姿、また2021年度アカデミー賞受賞映画『ノマドランド』はネバダ州を舞台に車上生活をする季節労働者がロマンをもって描かれていましたが、RVパークを根城にする子供たちや早朝から働く親たちの家を持たないリアルな日常生活等や自信たっぷりなタトゥーの女性、はてさて病的とも思える肥満の人々でした。

また我々が困難に直面した折には無償の互助の精神の発露に助けられるなど現代アメリカ社会のリアルな一面を実体験することができました。これらのひとコマひとコマが豊かだったアメリカの半世紀後の姿とするならば、健全なフロンティア精神を持ちながらも先進資本主義の矛盾、格差社会に苦しむ人々の増加でした。変わらないのは減りつつも今なお残る感動的な大自然と我々ジジババ9名を含めてコロナ禍をものともしないで人生をエンジョイする旅人たちの姿でした。